CATHERINE DE BOURBON

RÉGENTE DU BÉARN, DE LA BASSE NAVARRE, DE LA SOULE
DU BIGORRE ET DU COMTÉ DE FOIX.

PAR

M. SAMAZEUILH,

Correspondant du ministère de l'instruction publique, à Nérac.

PARIS
IMPRIMERIE ET LIBRAIRIE ADMINISTRATIVES DE PAUL DUPONT
45, RUE DE GRENELLE-SAINT-HONORÉ.

1863.

CATHERINE DE BOURBON

RÉGENTE DU BÉARN, DE LA BASSE NAVARRE, DE LA SOULE, DU BIGORRE ET DU COMTÉ DE FOIX.

Chapitre 1er.

Lettres de régence.

Un an s'était écoulé depuis l'évasion de Henri, roi de Navarre, de la cour de France, en février 1576, sans que ce prince eût revu le Béarn, où il était né, et pris possession de cette vicomté, non plus que de la basse Navarre, de la vallée de la Soule ainsi que des comtés de Bigorre et de Foix, qu'il tenait de Jeanne d'Albret, son illustre mère, avec le duché d'Albret, le comté d'Armagnac et d'autres terres ou seigneuries. La paix conclue le 6 mai 1576 entre les catholiques et les religionnaires fut fort mal observée, et le roi de Navarre, gouverneur pour Henri III en Guienne, dut surveiller cette province et y tenir la main à l'exécution de l'édit de pacification. Dans les premiers jours de décembre même année, les états assemblés à Blois s'étant prononcés pour la proscription du culte protestant, Henri de Bourbon se vit contraint de prendre les armes contre la cour et de se mettre à la tête d'un parti pour lequel il avait déjà combattu, et que sa mère avait soutenu avant son fils avec tant de constance. Le manifeste du roi de Navarre, daté d'Agen, est du 21 décembre 1576; la guerre éclata dans le Bazadais en janvier 1577, et du Bazadais elle gagna l'Agenais, apanage de Marguerite de Valois, reine de Navarre. Bientôt notre prince se vit même traqué dans son duché d'Albret par les catholiques, et placé ainsi dans l'impossibilité de pourvoir au salut des États qu'il possédait au pied des Pyrénées.

C'est ce qui le décida, dès le 4 du même mois de janvier, à confier à Catherine de Bourbon, sa sœur, le gouvernement de ces dernières contrées. Nous n'avons pas le texte des premières provisions qu'à cet effet il donna à la princesse de Navarre, mais on les trouve relatées en ces termes dans d'autres lettres du même prince du 28 janvier 1582 ; (V. *Compilation d'aucuns privil. et reglam. deu pays de Béarn.*)

« Comme nous ayans cy-devant et l'année mil (cinq cent) soixante-
« dix-sept, fait, ordonné et constitué notre très-chère et très-
« amée sœur madame la princesse et à icelle donné pouvoir de
« régente et représentant notre personne en nos royaume et pays
« souverain (1), comtés de Foix et Bigorre et autres nos terres
« et seigneuries situées en Guienne et Languedoc, pour en notre
« absence y commander, pourvoir à la conservation et défenses de
« nos dits royaume et pays, villes et places y situées, rémédier aux
« griefs et plaintes de nos dits royaume et pays, au temps ordonné
« et accoutumé, ou autre que le bien de nos affaires et service le
« requerrait, pourvoir aux états et offices..... comme aussi aux
« places des colleges dépendans de nos droits et autorités, ordon-
« ner de nos finances en cas de nécessité, pour le bien de notre
« service et de l'Etat, et conservation de nos dits royaume et pays
« terres et seigneuries sus dites, et si l'occasion le requerrait, as-
« sembler gens de guerre et pourvoir au fait des garnisons, muni-
« tions de nos dites villes et places : donner graces et pardons.....
« faire assembler aussi le synode des ministres de nos dits royaume
« et pays..... et généralement ordonner et commander à toutes
« choses comme nous mesmes eussions fait estant sur les lieux,
« ainsi qu'il est plus à plein porté par les lettres patentes du pou-
« voir par nous donné à notre dite sœur, en date du 4ᵉ jour de jan-
« vier mil cinq cent soixante-dix-sept ».

Ces mêmes provisions (de 1582) contiennent cette restriction, qui devait se trouver aussi dans celles de 1577 :

« Néanmoins, d'autant que notre dite sœur nous a toujours dit et
« déclaré qu'elle ne voulait rien effectuer de son dit pouvoir, sans
« un bon conseil, nous conformant à son intention, et bonnes vo-
« lontés, et afin de la supporter et soulager de plusieurs choses qui
« ne sont convenables à son sexe, qualité et dignité, mais à un per-
« sonnage d'honneur et valeur, d'expérience, fidélité requise et
« entendu au maniement et gouvernement de nos dits royaume et
« pays souverain, nous avons, pour cette occasion, continué et de

---

(1) Par *royaume*, il faut entendre la basse Navarre, et par *pays souverain*, le Béarn.

« nouveau fait, ordonné et établi en nos dits royaume et pays sou-
« verain, notre très-cher et feal, le sieur de Saint-Geniez (1) et
« à iceluy donné pouvoir de notre lieutenant, pour représenter notre
« personne et celle de notre dite sœur en nos dits royaume et pays
« souverain.... priant et exhortant notre sœur de prendre avis et
« conseil dudit sieur de Saint-Geniez en tout ce qui se présentera,
« pour le fait et exécution de ce que dessus, comme aussi des au-
« tres personnages que nous avons choisis pour être du conseil de
« notre sœur et nommés au règlement qui par nous a été baillé
« selon et ainsi qu'il est porté par icelui. »

Chapitre II.

Portrait de la régente.

Catherine de Bourbon, princesse de Navarre, était digne de toute la confiance de son frère ainsi que du gouvernement dont ce prince l'avait gratifiée.

Né au château de Pau, le 7 février 1558, d'Antoine de Bourbon, roi, et de Jeanne d'Albret, reine de Navarre, elle fut l'objet de tous les soins d'une mère la plus illustre dame de son siècle, et dont, au surplus, elle ne tarda pas à reproduire la beauté, les talents, le noble caractère..... Les meilleurs précepteurs lui furent donnés. Dans sa sollicitude maternelle, Jeanne d'Albret avait fait bâtir pour sa fille, dans le parc du château de Pau, une demeure isolée de la cour, et qu'elle nomma le *Castet-Béziat*. C'est là que la princesse de Navarre se livrait, enfant, à l'étude comme aux beaux-arts, et que, plus tard, c'est-à-dire durant sa régence, elle vint souvent secouer les soucis des affaires publiques et jouir sans distraction de tous les charmes d'un site qui n'a pas son pareil en France. Jusqu'à ces derniers temps, une allée du même parc a porté le nom d'*Allée de Madame* (2).

(1) Armand de Gontaud, seigneur de Saint-Geniez, de la Capelle et d'Andaux, baron de Badefol. Il avait été sénéchal de Béarn en 1564, sous Jeanne d'Albret, et la correspondance que le roi de Navarre entretint avec lui prouve que ce prince lui accorda une confiance sans réserve.

(2) « Le cahier des archives.... ne parle pas de *Castet-Béziat*. Peut-être
« n'existait-il plus alors (1603-1628), car le domaine royal en fit démolir les murs,
« parce que des malfaiteurs s'y étaient placés en embuscade pour détrousser
« et assassiner les personnes qui traversaient le parc, à moins que ce ne soit
« cette construction qu'on y ait désignée sous le nom de *Pavillons*. » (*Pano-
rama.... de la ville de Pau*, par M. Dugenne.)

Dès l'âge de douze ans, Catherine de Bourbon surpassait à jouer du luth les meilleurs artistes. Rosny, qui n'était pas encore le grave duc de Sully, et que son maître disait *étourdi comme un hanneton*, reçut d'elle à Nérac des leçons de danse à l'occasion d'un ballet dont elle s'était constituée l'ordonnatrice.

Quant à la poésie, elle avait de qui tenir : Marguerite de Valois, son aïeule maternelle, cette *quatrième Grâce et dixième Muse*, nous est connue non moins par ses poétiques productions que par ses contes ; tout le monde a retenu ce gracieux couplet :

>   Si le roi m'avait donné
>   Paris sa grand'ville.....

que l'on attribue à son père, Antoine de Bourbon ; nous devons à Jeanne d'Albret ce quatrain, qu'elle composa lors d'une visite qu'elle fit, en mai 1566, dans l'imprimerie de Robert Etienne :

>   Art singulier, d'icy aux derniers ans,
>   Représentez aux enfants de ma race
>   Que j'ay suivi des craignants Dieu la trace,
>   Afin qu'ils soyent les mesmes pas suivants.

Et combien de fois chacun de nous n'a-t-il pas répété cette romance de Henri IV :

>   Charmante Gabrielle !
>   . . . .
>   Que ne suis-je sans vie
>   Ou sans amour !

Aussi Marot et du Bartas n'auraient pas désavoué les vers de Catherine de Bourbon. Telle était même sa facilité à cet égard qu'elle en composa jusque dans ses rêves, comme nous l'apprennent ces stances que lui adressa l'un de ses précepteurs :

>   « J'ay toujours tenu pour fable,
>   « Comme chose peu croyable,
>   « Ce qu'es vieux écrits on voit
>   « Qu'ayant dormi sur Parnasse,
>   « Et bû de l'eau de Pégase,
>   « Poëte l'on se trouvoit.

>   « Mais désormais je proteste
>   « Que banissant de ma teste
>   « Ma dure incrédulité,
>   « Je ne le tiendrai pour conte,
>   « Et ne veux point avoir honte
>   « De l'estimer vérité.

« D'autant que mesme en tel âge,
« En vous je voy d'avantage,
« Car dormant vous composez,
« Et faites œuvres paroistre
« Que chacun peut reconnoistre
« Pour vers fort bien agencez......

« Mais quoi ! quand en dormant mesme,
« Des vers d'une grace extresme,
« Découlent de votre esprit,
« Que sera-ce, je vous prie,
« De ceux que non endormie
« Vous voudrez mettre en escrit (1). »
(Duverdier de Vau Privas, *Biblioth. française.*)

Au surplus, ce n'est pas seulement à l'étude des beaux-arts et de la poésie que se livra la princesse de Navarre. La langue latine notamment lui était familière, et l'on sait qu'un jour, faisant allusion aux nombreux mariages qui s'étaient proposés pour elle, ainsi que nous le rappellerons au chapitre VIII, elle inscrivit ces mots sur l'un des murs de son Castet-Béziat :

Quo me fata vocant?

et qu'elle les remplaça, quelque temps après, par ceux-ci :

Grata superveniet quæ non sperabitur hora !

Nous avons dit que Catherine de Bourbon possédait la beauté de sa mère, surnommée dans sa jeunesse *la Mignonne des rois.* Pourtant la princesse tenait des d'Albret, notamment d'Alain le Grand, son trisaïeul, de même que du connétable d'Albret, assure-t-on, une légère défectuosité que sa marraine, Catherine de Médicis, exagéra fort pour détourner Henri III de l'épouser à son retour de Pologne, la lui ayant dépeinte comme *naine et contrefaite.* La vérité est que l'une de ses jambes se trouvait quelque peu pıus courte que l'autre ; mais sa taille était bien prise, sa figure des plus agréables ; et puis, ce qui formait l'essentiel, elle montra dans tout le cours de sa vie la haute intelligence et le caractère de sa mère tempéré

(1) Ceci nous rappelle ce quatrain composé par Voltaire dans un songe :

« Mon cher Touron, que tu m'enchantes
« Par la douceur de tes accents !
« Que tes vers sont doux et coulants !
« Tu les fais comme tu les chantes !
(Salgues. *Des préjugés,* etc.)

peut-être par plus de grâce, et certainement par plus de tolérance, cette sœur jumelle de la clémence, dont, à son tour, Henri IV était si éminemment doué. En un mot, ce n'est pas une des moindres gloires de Jeanne d'Albret que celle d'avoir produit et surtout élevé Henri et Catherine de Bourbon.

Cette dernière princesse se trouvait à Paris lors de la mort de sa mère, qui dans son testament recommanda fortement à son fils *d'avoir un soin particulier de sa sœur, la traitant doucement en bon frère; prenant soin de la faire élever, en Béarn, dans les principes de sa religion, et de la marier, quand elle serait en âge, à un prince de sa qualité et de sa foi.*

Jeanne d'Albret étant morte à Paris le 9 juin 1572, sa fille n'avait alors que 14 ans 4 mois et 2 jours. Il ne faut donc pas s'étonner de la voir à la suite de la Saint-Barthélemy, qui eut lieu (la France ne l'a pas oublié!) le 24 août 1572, et sous l'impression d'une terreur qui brisa même le courage de son frère, imiter celui-ci en abjurant le calvinisme. Mais Henri de Bourbon, ayant reconquis sa liberté, n'oublia pas les recommandations de sa mère. Il envoya Fervacques et Rosny à la cour de France redemander sa sœur, qui leur fut remise : « Dès la première ou la seconde journée, au partir
« de Paris, affirment les *OEconomies royales*, Catherine de Bourbon
« se déclara de la religion et alla au prêche à Châteaudun, en leur
« compagnie, ainsi qu'en celle de plusieurs autres qui avaient
« changé, lors du massacre. »

Cette princesse trouva dans Parthenay le roi de Navarre, son frère, qui la conduisit d'abord à la Rochelle, puis en Guienne ; et c'est à Nérac qu'à l'âge de 18 ans et quelques mois elle fut investie du gouvernement des Etats et seigneuries dénommés au chapitre premier.

Maintenant que nous connaissons le caractère et la capacité de cette régente, il convient de rechercher quelle était la constitution des contrées soumises à son administration.

CHAPITRE III.

Notions sur les États soumis à la régente.

Le Béarn, *ce pays souverain* dont il est question dans les lettres de régence de Catherine, n'était que d'une médiocre étendue, si bien que, pour former l'un de nos départements (celui des Basses-

Pyrénées), il a fallu l'appoint de la Soule, de la basse Navarre et du Labourd.

Au surplus, qui n'a pas visité le Béarn, et ses belles montagnes, et ses fraîches vallées, et ses établissements thermaux, et ses coteaux aux vins généreux, et sa mâle population, et cette ville de Pau, déchue aujourd'hui de son rang de capitale d'un petit État, mais devenue, par compensation, les délices de l'aristocratie européenne? Avant la restauration du château de Pau, on y montrait aux étrangers une tourelle accolée à la tour de Mazères, et où Jeanne d'Albret avait, dit-on, son cabinet, non de toilette, mais de travail. C'est de là qu'elle dut jeter bien souvent un regard de satisfaction sur cette vicomté, humble par son titre et bien inférieure en superficie à d'autres seigneuries qui néanmoins ne la valaient pas, mais justement fière de sa beauté ainsi que de son indépendance. « Je ne connais en Béarn que Dieu à qui je sois comptable de mon « autorité, » avait dit avec une juste fierté cette princesse dans sa lettre si célèbre au cardinal d'Armagnac.

A notre tour, nous allons nous introduire fictivement dans cette tourelle que nous visitâmes dans notre jeunesse, et qu'un goût malencontreux de la symétrie a commis le sacrilége de faire disparaître, et, l'histoire du Béarn à la main, nous tâcherons de reconstituer cette souveraineté travestie aujourd'hui en arrondissements, en cantons, en communes et en sections de commune.

Borné au levant par le comté de Bigorre, au couchant par la prévôté de Dax, la basse Navarre et la Soule, au sud par les montagnes de l'Aragon et au nord par l'Armagnac, le Tursan et la Chalosse ; coupé par le gave de Pau, ou gave béarnais, en deux parties, l'une composée de montagnes où s'ouvrent de superbes vallées et au pied desquelles s'humilient diverses chaînes de coteaux frais et prospères néanmoins, l'autre formant de vastes plaines que des coteaux barrent vers le nord ; baigné enfin non-seulement par ce même gave qui lui apporte le tribut des glaciers de Neouvielle, de Gavarnie et des Vignemales, mais aussi par les gaves d'Ossau, d'Aspe et des Baretous, qu'épanchent notamment le pic *du Midi*, ou *des Trois-Sœurs* (*des tres serous*), et le *pic d'Anie*, où, d'après les Aspois, trône le démon qu'ils nomment *l'homme rouge* ; baigné également par une infinité d'autres torrents et cours d'eau secondaires, le Béarn, sur la plus grande partie duquel planait le regard des fenêtres du *cabinet de la reine Jeanne*, affectait à peu près la forme d'un triangle dont la pointe inférieure touchait aux villes de Belloc et de Salies, le côté gauche remontant de Belloc à la ville de Pontac, le côté droit de Salies à l'extrémité supérieure de la vallée des Barétous, par delà le gros bourg d'Aramitz, et la base s'étendant principalement dans les Pyrénées.

Du reste, ce n'était point là le Béarn primitif, nous voulons dire la cité *Benearnum* de l'ancienne Aquitaine. La vicomté dont nous nous occupons en ce moment avait été agrandie, sous divers vicomtes, aux dépens, d'un côté, du diocèse de Dax, et, de l'autre, du diocèse de Tarbes, en telle sorte que le Béarn (celui que nous sommes à décrire en ce moment), débordant ses anciennes limites, s'étendait : 1° sur tout le diocèse de Lescar, sauf 10 à 12 paroisses qu'il faut en distraire, comme appartenant à l'archidiaconé de Sault, en Chalosse ; 2° sur tout le diocèse d'Oloron, non compris la vicomté ou vallée de la Soule ; 3° sur une partie du diocèse de Dax, notamment sur la ville d'Orthez, qui ne dépendait pas dans l'origine du Béarn ; et 4° sur une partie du diocèse de Tarbes, auquel le Béarn avait pris le quartier ou archidiaconé de Montaner.

Marca décompose cette même souveraineté, sans y comprendre les trois grandes vallées d'Ossau, d'Aspe et de Barétous, en trois parties. Il comprend dans la première le pays renfermé entre le gave de Pau et les gaves d'Ossau et d'Aspe, formant depuis leur réunion dans Oloron le gave qui prend d'abord le nom de cette dernière ville, et bien plus en aval celui de gave de Sauveterre. Cette contrée comptait quatre *bourgs privilégiés*, savoir : Asson, Bruges, Gan (patrie de l'historien du Béarn), et Moneing, aujourd'hui Monein. On y trouvait aussi l'abbaye de Luc (ordre de Saint-Benoît), et celle de Saubelade, ou Sauvelade (ordre de Cîteaux), ainsi que les villes de Lagor, Maslacq et Salies.

Dans la seconde partie, Marca fait figurer le pays qui s'étend depuis le gave de Pau jusqu'au Bigorre, en tournant vers le bas Armagnac, le Tursan, la Chalosse et la prévôté de Dax. On y trouvait le Vicbilh, avec Lembeye, Morlàas, Garlin, Theze, le quartier de Saubostro ayant Garos pour chef-lieu, l'abbaye de la Reûle, ou la Réole, (ordre de Saint-Benoît), ainsi que les villes d'Orthez, de Lescar et de Pau.

Enfin, dans la troisième partie, le même historien fait entrer les quartiers d'Oloron, de Navarreins, aujourd'hui Navarrenx, et de Sauveterre jusqu'à Salies et Cassaver, ou Cassaber, le tout confinant à la Soule, à la basse Navarre et quelque peu à la prévôté de Dax. Entre cette même prévôté et la basse Navarre s'était en quelque sorte glissé le bourg de Labastide, qualifié de Villefranche de Béarn, cette pointe de terre confrontant aux possessions de la maison de Gramont qui appartenaient à la basse Navarre. Le Béarn, dans cet ensemble, vallées pyrénéennes non comprises, pouvait avoir 14 lieues de Gascogne (84 kilomètres environ) de longueur, sur une largeur moyenne de 6 lieues (36 kilomètres). On y comptait 434 bourgs et 10 villes, dont 4 baignées par le gave béarnais : c'étaient, en descendant son cours, Nay, Pau, Lescar et Orthez; trois par le gave d'Oloron ou de Sauveterre, savoir : Oloron, avec Sainte-Marie, ne formant qu'une seule ville, Navarreins, place forte, et Sauveterre ; 3 privées de rivières, qui sont : Morlàas, Lembaye et Garlin (?).

Dès l'origine, ces diverses contrées paraissent distribuées, y compris néanmoins les agrandissements déjà signalés, en quinze districts nommés vics (du latin *vicus*) et quelquefois parsans.

C'était : 1º le vic de Larbaig ; 2º le vic d'Orthez et rivière basse ; 3º le vic s'étendant de Castetis à Lac, et comprenant depuis Boumour tout le district et l'honneur d'Arthez ; 4º le vic composé d'Artix, Serres, Castede et de tout le territoire jusqu'à Pau ; 5º le vic poussant de Bizanos, en suivant le cours de l'Ousse, jusqu'à Pontac, Ardoins et Nantois ; 6º le vic qui renfermait Lissaü, Baig, Bicle, Jurançon, Asson, Igon-Arrivere-Curte et Arrivere-Lagoenh ; 7º le vic de Morlàas et de l'honneur de Navailles, allant de Dome et de Lème, au delà d'Esloronties ; 8º le vic comprenant le Montanarez, Ger, Goardères, Séré, Senbole, Escauneg, Sedze, Maubec, Balestoos, Momi et toutes les landes voisines ; 9º le Vicbielh, plus tard Vicbilh, Noye, Clarac et Roquefort ; 10º le vic compris entre le gave béarnais et la Bayze, Larroenh, Aubertin et Moneing ; 11º le vic d'Oloron, Josbering et de toute la béguerie ; 12º le vic de Lucet, de toute la béguerie de Navarreins ; 13º le vic de Sauveterre avec sa béguerie et celle de Mont-Gaston et de Pene-de-Mur ; 14º le vic de Salles et Carraves, avec tout le Bégarran ; et 15º le vic de Larreuse, avec tout le Sauvestre, Monget et la seigneurie de Haget-Aubin.

Au chef-lieu de chacun de ces districts siégeait la *cour du vic*, formée des seigneurs des terres comprises dans ce ressort, et présidée par un officier du vicomte de Béarn nommé quelquefois *vicaire*, et plus souvent *bayle* ou *béguer*, ce qui faisait désigner quelquefois, soit le tribunal, soit son ressort, par le mot de *béguerie*. Il semble même qu'un vic pouvait renfermer plus d'une *béguerie*. Ce tribunal, qualifié spécialement de *cour des Cavers*, ne connaissait que des procès mus entre deux communes ou entre les seigneurs eux-mêmes. Lorsqu'il s'agissait de bourgeois, c'était des bourgeois, créés *jurats* par le vicomte, qui composaient la *cour du vic*, sous la même présidence. A la *cour du vic* se portaient les appels des sentences rendues par des tribunaux inférieurs établis dans chaque commune et présidés par le baile du seigneur particulier et local.

Dans les cas exceptionnels, tels que, par exemple, la violation flagrante des fors, c'est-à-dire de la constitution et des lois du pays ou la corruption des juges......, on avait recours à la *cour du Béarn*, que Gaston Phœbus avait qualifiée d'*assemblée nationale*, et qui se composait des trois ordres, ou états, convoqués chaque année par le souverain. Des magistrats spéciaux nommés *syndics de Béarn* se trouvaient chargés par ces mêmes fors de recevoir toutes les plaintes sur la violation des libertés du pays et d'en provoquer la répression, comme aussi de veiller d'office au maintien de ces franchises.

Les états du Béarn réglaient également, de concert avec le vicomte, tout ce qui concernait le gouvernement de la vicomté. On les vit même délibérer sur le choix d'un mari pour leurs souveraines.

En 1220, Guillaume Raymond, séparant la justice de la politique, créa la *cour majour*, chargée spécialement de connaître des matières judiciaires, et qu'il composa, sous sa présidence, des évêques d'Oloron et de Lescar et de douze jurats gentilshommes, qui reçurent le titre de *barons de Béarn* : c'étaient les seigneurs de Navailles, d'Andoins, de Lescun, de Coaraze, de Gerderetz, de Gayrosse, de Gabaston, d'Arros, de Miossens, de Domi, de Miramon et de Mirepoix. Mais ce dernier fut déposé et remplacé par le seigneur de Bidouze, pour avoir rendu cette étrange décision : « Judia lo signor de Mira-
« peix que si augun diu dar diers et no los pot pagar, que pos-
« qué (1) ».

« Tel était donc l'ordre des juridictions en Béarn, a dit M. Faget
« de Baure ; la cour des jurats était le tribunal ordinaire, la cour du
« vic était le tribunal d'appel, et la cour majour était le tribunal de
« recours. Ainsi s'observaient en Béarn deux usages constamment
« gardés dans les royaumes de France et d'Angleterre (2) : l'un
« était qu'un juge ne jugeait jamais seul ; et l'autre que chacun
« était jugé par ses pairs. Le censitaire était jugé par les jurats du
« seigneur, ses censitaires. Les bourgeois des villes étaient jugés
« par des jurats bourgeois comme eux ; et les gentilshommes, enfin,
« avaient leurs pairs pour juges, dans la cour des Cavers. (*Essais
« historiques sur le Béarn.*)

(1) Le seigneur de Mirepoix décida que, si un débiteur ne peut payer, il faut qu'il le puisse.
(2) De France !... C'est contestable.

Mais la création des sénéchaussées, c'est-à-dire des siéges des lieutenants du sénéchal de Béarn, devenu sédentaire, apporta une grande modification dans l'organisation judiciaire de cette vicomté. D'un autre côté, Alain le Grand, tuteur de Henri d'Albret, son petit-fils, créa, vers l'an 1519, le *conseil souverain de Pau*, qui remplaça la *cour majour*, et que, bien plus tard, Louis XIII érigea en parlement.

Si bien qu'à l'époque où Jeanne d'Albret hérita du Béarn, cette vicomté se trouvait divisée en trois sénéchaussées, ou siéges du sénéchal, dont l'un était à Pau, le second à Orthez et le troisième à Oloron. C'est en 1576, et par conséquent antérieurement à la régence de Catherine de Bourbon, que fut créée la sénéchaussée de Morlàas aux dépens de celle de Pau; mais, pour ce qui est de la sénéchaussée de Sauveterre, sa fondation, ne remontant qu'à l'année 1606, se trouve postérieure à la même régence. Néanmoins nous ne pouvons nous refuser au plaisir de rappeler que c'est à la cour de Sauveterre qu'il fut jugé que l'on ne devait jamais opérer une saisie dans une maison où se trouvait une femme enceinte. Ces derniers magistrats n'étaient pas de l'école du baron de Mirepoix.

C'est aux siéges de Pau, de Morlàas, d'Oloron et d'Orthez que, du temps de Catherine de Bourbon, se portaient les appels des décisions rendues par les cours des jurats des communes, et le conseil souverain connaissait à son tour des recours des jugements rendus aux siéges de ces quatre sénéchaussées. Il existait en outre à Pau une cour des comptes ainsi qu'un hôtel des monnaies. De plus, les vicomtes, ou du moins les rois de Navarre, y eurent leur conseil privé.

Quant aux vallées d'Ossau, d'Aspe et de Barétous, qui appartenaient au domaine du prince, ainsi que nous le dirons bientôt, c'est dans ces vallées mêmes que le vicomte était obligé d'aller tenir ses assises, nul autre seigneur n'y ayant droit de justice. Avant son entrée dans la vallée, ces montagnards devaient lui fournir des otages. Plus tard, le vicomte envoya son sénéchal. A une époque antérieure au vicomte Mathieu de Castelbon, on avait assujetti les habitants des Barétous à venir plaider à Oloron; mais ce dernier prince rétablit l'obligation pour le sénéchal d'aller rendre la justice dans cette vallée. Lorsque ce grand officier fut rendu sédentaire à Pau, ce qui paraît remonter à l'année 1460, ce privilége des vallées d'avoir dans leur sein une prompte justice à peu de frais tourna contre elles, car ce premier degré de juridiction, c'est à Pau qu'il leur fallut le réclamer.

Il va sans dire, au surplus, que nous n'avons pas la prétention de donner ici une idée complète de l'organisation soit judiciaire, soit administrative du Béarn. Ce serait un travail à combiner avec une étude de la législation de cette vicomté, travail d'un haut intérêt, et qui mériterait d'être entrepris par un esprit supérieur. Il doit suffire à notre humble notice de fournir les détails nécessaires pour que nos lecteurs puissent apprécier quelles furent les facilités et les difficultés que Catherine de Bourbon dut rencontrer dans son administration. C'est ce qui nous porte également à dire quelques mots des ressources dont pouvait disposer le vicomte de Béarn.

Les Béarnais n'étaient assujettis, en principe et de plein droit, à aucun subside envers leur prince souverain, celui-ci n'ayant pour revenu certain que celui provenant de son domaine. Ce domaine se composait des villes et châteaux d'Orthez, de Sauveterre, d'Oloron, de Monein, de Salies, de Pardies, de Mongiscard, de Morlàas, d'Asson, d'Igon, de Montaner, de Lembeye, de Pau, de Pontac, de Sembouès, de Belloc, de Mongaston, de Navarreins-Garos, des châteaux et villages de Larbaig, de Rivière-Gave et d'Ajarenx, enfin des vallées d'Ossau, d'Aspe et des Barétous; *domaine inaliénable*, et que le prince ne pouvait tout au plus qu'engager pour le payement de ses dettes, ce qui même ne présentait aucun danger, puisqu'il lui était défendu d'opérer des emprunts sans le consentement des états. Henri d'Albret, pour en avoir contracté, dans un cas pressant, sans recourir à cette assemblée, encourut de graves reproches de la part de ces députés, et fut obligé de leur fournir une déclaration dans laquelle il promit *sur sa foi et parole de Roi que dorénavant il ne ferait ni ne permettrait de faire en son nom aucun emprunt de deniers.*

Le vicomte avait, dans les dépendances de son domaine, les mêmes droits que ceux dont jouissaient les seigneurs particuliers dans leurs fiefs d'après le contrat positif qui les liait à leurs vassaux. A Orthez, à Sauveterre, outre le cens, il possédait un péage; ailleurs, des moulins ou des fours, des vignes ou des bois; dans les districts de Pau, de Monein et de Pardies, on lui payait, sous le nom de *droit d'audience*, un prix de location des auditoires où se rendait la justice. En d'autres contrées, on lui fournissait une certaine quantité d'avoine. Chez quelques Béarnais, il jouissait du droit de gîte et d'albergue. Centulle IV fut assassiné, dans le onzième siècle, par un vassal qui l'avait reçu sous son toit à ce titre. Dans ses terres domaniales, il touchait, comme seigneur particulier, les amendes judiciaires inférieures à 60 sols; mais, dans toute la vicomté, les amendes de 60 sols, qualifiées *leys majours*, lui revenaient, avec 6 sols en sus, pour les frais judiciaires.

Il ne faut pas oublier non plus le service militaire qui lui était dû, et que nous trouvons si curieusement défini dans les articles IX, X, XI, XII, XIII, XV et XVI de *Los fors et costumas de Béarn*. On y lit :

« Les homis de Béarn (sian gentius ò autres) deben adjuda au
« senhor contre toutz sons enemics et adversaris qui ha prop sa terre,
« sino que tal enemics se volossan jusmette au judgeament deudit
« senhor et de sa cort. Quand lo senhor demande gens per ana a
« la guoerra, lôs commissaris deputatz per lheuà aquets, los deben
« elesgir ab los aduis deux jurats et prodhoms de las villas, ô locs:
« et aixi ac deben contenir las commissions, qui ad acqueras fins
« seran expedidas. Et tals homis eslegitz per la guoerra seran ten-
« gutz de ana, tres vegadas l'an, en lôs païs de Bigorra, Armanhac,
« Marsan, Sola, Saut de Naualhes et tout lô Naualhés (si tant es que
« per lo senhor lôs sia commandat), et per cascuna de las ditas tres
« vegadas, seruir nau jours, et porta pan per viure, et neuritura :
« loquoau pan sera pagat et esgoalat sus tout lô païs de Béarn. Mes
« no son tengutz de anà an Espanha a lôrs despens per mandamen
« deu senhor, si de los bon voler no y volen ana ! Et à caàs que
« sailhissan fora lô païs per un jorn tant solamen, lô senhor lôs deu
« far porta los goarnimentz, armas et monitions, et lôr donna un
« deus barons per lôs conduisir, tant anan que retornan, si en y a
« de sufficiens. Si lo senhor vol ajuda augun en guoerra, mandé los
« Estaz, ô autrement declare sa voluntat, et faita tala declaration,
« degun deu dit païs no deu adjuda à partida adversa (1). » (Suivent

---

(1) Les hommes du Béarn, nobles ou autres, doivent aide au vicomte contre tous ses ennemis et adversaires, ses voisins, à moins que ces ennemis ne veuillent se soumettre au jugement du vicomte et de sa cour. Quand le vicomte demande des gens pour aller à la guerre, les commissaires chargés de cette levée les doivent choisir avec l'avis des jurats et prud'hommes des villes ou lieux, et c'est ce que doit proscrire la commission qui leur sera expédiée à ces fins. Et ces hommes choisis pour la guerre seront tenus d'aller, trois fois par an, au pays de Bigorre, Armagnac, Marsan, Soule, Sault de Navalhes et tout le Navalhées (si tant est que le vicomte le leur ordonne), et, à chacune de ces trois fois, de servir pendant neuf jours et d'emporter du pain pour vivre et nourriture, lequel pain sera payé et réparti sur tout le pays de Béarn. Mais ils ne sont pas tenus d'aller en Espagne à leurs dépens, par ordre du vicomte, s'ils ne veulent pas y aller de bonne volonté. Et quand ils ne sortiraient qu'un seul jour de leur pays, le vicomte doit leur faire porter les bagages, armes et munitions, et leur donner un des barons pour les conduire, soit en allant, soit en revenant, s'il s'en trouve de capables. Si le vicomte veut aider quelqu'un en guerre, il convoque les états, ou autrement il déclare sa volonté, et, sur cette déclaration, nul du pays de Béarn ne doit porter aide à la partie adverse.

les dispenses de ce service en faveur des jurats et des gardes des villes, des bailes, lieutenants et notaires ainsi que de leurs coadjuteurs.)

Dans la vallée d'Ossau, et sans doute aussi dans Aspe et les Barétous, le vicomte allait, en personne, exposer à l'assemblée des habitants les motifs de la guerre qu'il avait à intenter ou soutenir. Après quoi il lui était permis de choisir dans chaque maison le meilleur soldat. Mais il ne pouvait pas lever dans la vallée d'Ossau au delà de 300 hommes, lesquels n'étaient tenus de marcher que deux fois par an contre les seigneurs voisins.

Il est aisé de comprendre combien ce service était devenu difficile à obtenir, et de plus insuffisant durant nos guerres civiles. On en était arrivé, d'ailleurs, bien antérieurement, à des levées de troupes indépendantes de ce devoir féodal, ce qui nécessitait aussi des levées d'argent. De plus, il fallait pourvoir aux fortifications, aux approvisionnements des places de guerre.... Bien d'autres charges étaient survenues qui donnaient lieu à des demandes de fonds aux états du pays. Dès l'origine, cette *assemblée nationale* accordait au vicomte des impôts sous le nom de *donations*, soit pour son mariage, soit pour sa rançon, s'il tombait aux mains d'un ennemi. Ce dernier cas se présenta lorsque Henri d'Albret fut pris à la funeste bataille de Pavie, et l'on a même conservé au *trésor de Pau* une lettre de ce prince, se référant à une époque antérieure à son évasion, et dans laquelle il se plaint de la tiédeur de *ses soumis* à son égard, ajoutant qu'*il aurait pensé que ses sujets auraient donné pour sa rançon jusqu'à leurs chemises*. Mais ce reproche ne paraît s'adresser qu'aux habitants du Périgord. Quant aux états du Béarn, on les vit accorder à leur prince, dans toutes les occasions, et surtout pour la défense du pays, tous les deniers qui leur furent demandés.

Le Marsan (dont les villes étaient Mont-de-Marsan, Roquefort et Saint-Justin) ainsi que le Gavardan (dont le chef-lieu était Gabarret), le tout compris, de nos jours, dans le département des Landes, se trouvaient incorporés au Béarn depuis le vicomte Pierre de Marsan, et envoyaient leurs députés aux états de cette souveraineté.

De tout le royaume de Navarre que Catherine de Foix apporta en mariage à Jean d'Albret, pour l'avoir recueilli, avec la Soule, le Béarn, le Bigorre et le comté de Foix, dans la succession de son frère, François Phœbus, elle n'avait transmis à son fils, Henri d'Albret, que le *mérindad*, ou district de la basse Navarre, tous les autres mérindads situés au delà des monts lui ayant été ravis par le roi d'Espagne. La basse Navarre, située en deçà de la crête des Pyrénées, n'ayant que 8 lieues de Gascogne (48 kil.) en longueur, et cinq (30 kil.) de largeur moyenne, baignée par les rivières de la Nive et de la Bidouze, ainsi que par plusieurs ruisseaux ou torrents, confrontait de l'est à la Soule, et, en tirant vers le nord, au Béarn, du nord et du nord-ouest au Labourd, de l'ouest et du sud aux Pyrénées, qui la séparaient de la haute Navarre, ou Navarre espagnole, et se trouvait subdivisée en sept districts, vallées ou pays, qui contenaient dans leur ensemble cent deux paroisses ou communes et trois villes, savoir : Saint-Jean-Pied-de-Port et Saint-Palais, qui se disputaient le titre de capitale de ce fragment de royaume, plus Labastide-Clairance, fondée par Louis le Hutin, roi de France et de Navarre. On peut y ajouter Bidache, qui néanmoins formait une souveraineté appartenant aux Gramont.

Pour faire connaître la constitution politique de la basse Navarre, où se conservèrent les priviléges du royaume entier, il suffira de transcrire ici le for de Subrave, tel que nous le trouvons traduit dans l'*Essai sur la noblesse des Basques*, que Sanadon a composé d'après les manuscrits de Jacques de Bela :

« Il a été premièrement établi un for d'élire un roi pour toujours,
« y est-il dit. Mais, afin qu'aucun roi ne puisse jamais nuire aux
« peuples, qui lui ont donné tout ce qu'ils ont conquis sur les Maures,
« il sera obligé de jurer à son élection, sur la croix et les Évangiles,
« qu'il leur rendra justice, qu'il n'empirera jamais leurs fors, et
« qu'au contraire il les rendra meilleurs et plus favorables; qu'il
« réparera tous les torts qui pourront leur être faits, et qu'il par-
« tagera ses conquêtes avec les citoyens, suivant les états et con-
« ditions des ricombres, chevaliers, infançons et hommes de ville,
« sans en faire part aux étrangers.... S'il arrive qu'il soit roi d'une
« autre terre ou d'une langue étrangère, il ne pourra mener à son
« service plus de cinq hommes de son pays.... Nul roi n'aura
« jamais pouvoir de tenir cour ou conseil sans l'assistance des
« ricombres natifs du royaume.... Il ne pourra faire ni guerre, ni
« paix, ni trêve, avec aucun roi ni reine, ni entreprendre aucune
« grande affaire d'importance pour le royaume sans le conseil des
« ricombres et des plus anciens et plus sages hommes du royaume.
« Il ne pourra se marier qu'à une princesse, et les enfants ou frères
« du roi décédé ne pourront recueillir la succession de la couronne
« s'ils ne sont issus d'une mère dont la condition soit égale à celle

« du père... Si le roi meurt sans postérité, les ricombres des villes,
« les infançons, les nobles et le peuple en éliront un autre... Le
« jour de son élection, douze barons ou hommes sages jureront,
« sur la croix et les Evangiles, d'avoir soin de la personne du roi,
« de l'Etat, du peuple et de la conservation des fors, et baiseront la
« main du roi..... »

C'est d'après ces principes que s'organisa le royaume de Navarre. « Le roi n'etait chez eux, fait observer Sanadon, que le
« premier citoyen. C'était lui qui indiquait le jour et le lieu des
« assemblées générales, auxquelles se rendaient les prélats, les
« ricombres, les plus qualifiés des citoyens et les députés des villes.
« C'était là que se faisaient de concert les lois et les règlements; que
« l'on examinait et réformait ce que les juges, les magistrats et le
« roi lui-même pouvaient avoir fait de contraire aux usages ou de
« préjudiciable à la liberté et aux immunités de la nation, et que
« par de nouvelles lois on prenait des mesures efficaces pour pré-
« venir tous les abus d'autorité. S'il arrivait que le prince et les
« états ne pussent s'accorder sur certains points, des arbitres choi-
« sis de part et d'autre prononçaient entre eux, et leur jugement
« était sans appel. Les états, avant de se séparer, offraient au roi
« certaines contributions sous le titre de présent; et il dépendait
« entièrement des états et du peuple de les accorder ou de les
« refuser, en sorte que le roi ne pouvait rien exiger d'eux sans
« leur consentement. »

Parmi les franchises de la basse Navarre, nous ne devons pas oublier celle de se défendre elle-même. Ses habitants, nés soldats et commandés par les chefs du pays, étaient toujours prêts à marcher pour la défense de leurs frontières.

C'est dans la ville de Saint-Palais que s'assemblaient les états de la basse Navarre. Comme ce petit royaume se trouvait distribué partie dans le diocèse de Bayonne et partie dans le diocèse de Dax, les évêques de Dax et de Bayonne avaient la présidence de ces états lorsqu'ils jugeaient à propos d'y assister. Les seigneurs de Gramont et de Luxe, anciens ricombres, en étaient les membres les plus importants ; les villes, bourgs et villages y envoyaient 28 députés.

Dès l'année 1520, Henri d'Albret établit dans cette même ville de Saint-Palais un conseil souverain sous le nom de *chancellerie de Navarre*, laquelle connaissait des appels des justices inférieures, ces dernières présidées dans chaque district par un juge d'épée, auquel on avait conservé le titre d'alcade. — Saint-Palais avait aussi un hôtel des monnaies.

Au surplus, maintenant que nous avons fait connaître, en peu de mots à la vérité, les droits et les priviléges des bas Navarrais, Basques d'origine, on comprendra le peu d'influence qu'obtint Jeanne d'Albret, ainsi que nous le dirons bientôt, sur ce peuple, d'ailleurs très-zélé pour la religion catholique, lorsqu'elle essaya de l'amener à un changement de culte.

Nous ferons la même observation au sujet des habitants de la vallée de la Soule, Basques et dotés de grands priviléges, comme leurs frères de la basse Navarre, ainsi que l'attestent ces premières lignes de leur for :

« Par une coutume gardée et observée de toute ancienneté, tous
« les natifs et habitants de la terre de Soule sont francs, d'origine
« libre et franche, de franche condition, sans aucune tâche de
« servitude. Nul n'a de droits sur leurs personnes ou sur leurs
« biens, et ne peut obliger, en paix ou en guerre, les habitants
« du pays à lui faire suite ou escorte. Les Souletins portent les
« armes en tout temps pour la défense de leur pays situé à l'extré-
« mité de la France, entre les royaumes de Navarre et d'Aragon
« et le pays de Béarn ; ils peuvent, quand ils le veulent, s'assembler
« pour traiter de leurs affaires communes, établir tels statuts
« et règlements qu'ils jugeront utiles, et ces conventions auront
« force de loi. Le droit de chasse et de pêche est commun à tous
« les habitants du pays de Soule. »

La Soule avait titre de vicomté. Son dernier vicomte particulier fut Augier, qui vivait en 1260, et devint connétable de Navarre. C'est Gaston de Foix, XI° du nom, qui incorpora ce pays au Béarn. La Soule, d'une étendue de 55 à 60 kil. en longueur, sur 25 kil. environ en largeur moyenne, ne comptait qu'une ville et 67 paroisses et villages.

La ville, c'est Mauléon-Licharre, ainsi nommée des deux parties qu'en forme le *Saison*, gave principal de toute cette vallée. Mauléon se trouve, avec son château fort, sur la rive droite, et Licharre sur la rive gauche. Les états de la Soule, où les communes envoyaient pour leur part 13 *degans*, ou députés, s'assemblaient à Licharre, et c'est dans Licharre également que siégeait la cour, ou tribunal de justice, dont les appels se portaient au parlement de Bordeaux, et qui connaissait en première instance des procès de tous les Souletins.

Enfin la Soule, pour le spirituel, appartenait au diocèse d'Oloron.

De nos jours, cette vallée et le royaume de la basse Navarre ne forment qu'un des cinq arrondissements du département des Basses-Pyrénées.

A l'égard du Bigorre (1), ce comté, ayant 18 lieues (108 kil.) en longueur sur une largeur fort inégale, baigné principalement par l'Adour et le gave de Pau, et divisé en trois parties, savoir : la *montagne* au sud, la *plaine* au centre, et le *Rustan* au nord, confrontait du levant aux comtés d'Astarac et de Comminges, du midi aux Pyrénées, qui le séparaient de l'Aragon, de l'ouest au Béarn, et du nord à l'Armagnac. C'est maintenant le département des Hautes-Pyrénées, primitivement nommé *département de Bigorre*.

Passé vers le xie siècle dans la maison de Béarn, bien que de longues discussions eussent retardé jusqu'en 1412 la mise en possession qu'en obtint cette maison du roi de France, sous Jean de Grailly, comte de Foix, le Bigorre offrait plusieurs rapports avec le Béarn, quant à la constitution politique, les priviléges et l'organisation judiciaire. Ce pays avait ses états annuels, où la noblesse se trouvait représentée principalement par douze barons, au premier rang desquels on signalait le vicomte de Lavedan, le vicomte d'Asté, le baron de Bénac, le baron d'Antin, le baron de Parabère, le baron d'Ossun. L'évêque de Tarbes, dont le diocèse comprenait 276 paroisses (et c'était tout le comté), les abbés de Saint-Sever, de Rustan, de Saint-Savin, de Saint-Pé-de-Générez et de Saint-Orens-de-la-Reüle, ainsi que le commandeur de Bordères, représentaient dans cette assemblée le clergé ; les consuls des villes et les députés des vallées, le tiers état. On y discutait toutes les questions qui pouvaient intéresser le pays, et c'étaient les états notamment qui votaient l'impôt annuel.

Chaque ville ou commune avait également un conseil pour la décision de ses affaires particulières, ce qui allait jusqu'au droit de déclarer la guerre à une commune voisine. Pour ce qui est du service militaire envers le vicomte de Bigorre, un homme lui était fourni par chaque maison. Mais ce service n'était dû que 3 fois par an, savoir : de la fête de Pâques à celle de Saint-Jean-Baptiste ; de la Toussaint à Noël, et de Noël au jour des Cendres. Ceux qui se trouvaient attachés à la garde des villes étaient exempts de ce service.

A ces milices le comte devait donner un chef. C'était le viguier qui avait le privilége de porter la bannière.

Ce viguier, ou vicaire du vicomte, présidait dans chaque viguerie un tribunal composé de jurats élus par les communes. Il y avait aussi des justices seigneuriales du même degré. Les appels des

---

(1) C'est le célèbre Barrère de Vieuzac, près d'Argelez, qui fit prévaloir cette locution, *le Bigorre*, au lieu de *la Bigorre*, dont l'usage n'est pas encore tout à fait abandonné.

jugements rendus par les uns comme par les autres se portaient à la cour du sénéchal, séant à Tarbes, et composée du *juge mage*, ou lieutenant général du sénéchal, qui la présidait, et de plusieurs conseillers. Ce dernier corps judiciaire dépendait du parlement de Toulouse. — Nous devons ajouter que les amendes qui s'élevaient à 65 sols appartenaient au comte de Bigorre. Nous ignorons si celui-ci possédait un domaine particulier.

Le comté de Foix, d'où sortirent les vicomtes de Béarn, antérieurs aux d'Albret, et dont ils faisaient hommage pour partie au comte de Toulouse, puis au roi de France, tenant le reste en franc-alleu, n'avait que 16 lieues en longueur, sur 8 de largeur. Avec le Donnezan et la vallée d'Andorre, qui en dépendaient, il confrontait de l'est au Roussillon et au Languedoc, du midi aux Pyrénées, qui le séparaient de la Catalogne, du nord au Languedoc et de l'ouest au Conserans, ainsi qu'au Comminges. C'est de nos jours à peu près le département de l'Ariége.

Ce comté était baigné par l'Ariége et la Rise.

Deux motifs nous portent à nous montrer sobre de détails au sujet de cette contrée. En premier lieu, bien que Henri de Bourbon l'eût comprise dans les lettres de régence fournies à sa sœur, Catherine, nous n'aurons pas néanmoins à nous appesantir longuement sur le comté de Foix, quand nous en serons venus aux actes de cette régente. En second lieu, on s'accorde à dire que les comtes de Foix rendirent communs à leur seigneurie patrimoniale beaucoup d'usages et de règlements qu'ils trouvèrent ou qu'ils établirent en Béarn.

Il nous suffira donc de rappeler ici que le comté de Foix avait ses états, qui s'assemblaient chaque année, en automne ; que l'évêque de Pamiers les présidait, ayant immédiatement sous lui l'abbé de Saint-Volusien de Foix ; que les communes y envoyaient 120 députés ; que, pour la justice, le sénéchal de Foix avait deux siéges, l'un à Pamiers, l'autre à Foix, et que les appels des jugements rendus par ces deux tribunaux se portaient au parlement de Toulouse.

Du reste, c'était un peuple fier, belliqueux, quelque peu sauvage, et dont le caractère se dessinait dans cette devise de ses maîtres : « Toqué y sy gauses ! » (Touches-y, si tu l'oses !)

Telles étaient les contrées dont le roi de Navarre confia le gouvernement à Catherine de Bourbon, en 1577. Il est temps de s'enquérir si cette princesse s'acquitta de cette mission de manière à justifier une telle confiance.

Chapitre IV.

Faits préliminaires.

Nos lecteurs ne peuvent s'attendre ni désirer que nous descendions dans l'examen minutieux de tous les actes de l'administration de la princesse de Navarre. Deux grands devoirs durent principalement la préoccuper, et c'est sur la manière dont elle les remplit que nous allons aussi principalement diriger nos recherches. On a déjà compris qu'il s'agit ici de l'ordre public, de la paix intérieure d'abord, et puis de la guerre étrangère. Ces deux questions se trouvent liées avec celle concernant la religion catholique et la religion prétendue réformée ; il convient donc, pour les apprécier, de savoir dans quel état, à cet égard, Catherine de Bourbon reçut les seigneuries et principautés de son frère.

Quels furent les vrais motifs qui décidèrent Jeanne d'Albret à se prononcer définitivement pour la Réforme, elle qui, dans l'origine, avait manifesté au contraire, et à la différence d'Antoine de Bourbon, son mari, l'intention de se maintenir et de maintenir ses sujets dans la foi catholique ? c'est ce dont il est inutile de s'informer, du moins en ce qui concerne la régence confiée à sa fille. Que ce fût chez cette reine uniquement une conviction, ou que, ainsi que beaucoup d'auteurs sérieux l'ont écrit, elle se fût séparée du saint-siège par ressentiment de la perte de la Navarre, toujours est-il que cette princesse, justement honorée du reste par tous les partis, apporta dans celui de la Réforme tous ses vœux, tous ses soins, toutes ses ressources. A la suite de plusieurs demi-mesures, ou, pour mieux dire, de mesures préparatoires qui eurent pour résultat d'obtenir au sein des états de Béarn, primitivement zélés catholiques, une majorité bien décidée en faveur du nouveau culte, c'est en juillet 1566 qu'un édit de la reine de Navarre établit *dans sa vicomté de Béarn* l'exercice de la religion de Calvin, en assignant des pensions aux ministres de ce culte, et défendit aux catholiques les processions publiques ainsi que les sépultures dans les églises. Comme elle avait fondé à Orthez un collége pour la propagation du calvinisme, cet édit voulut qu'afin de peupler cet établissement, on s'empressât de faire choix des enfants les plus aptes à ces sortes d'études. La peste qui ravagea la ville d'Orthez, en 1569, ayant nécessité le transport de ce collége à Lescar, nous notons ici que l'une des questions restées à la décision de la princesse régente fut celle que firent naître les prétentions respectives des villes de Lescar et d'Orthez à conserver ce collége dans leurs murs.

C'est au moyen des revenus des biens qui furent confisqués au détriment du clergé catholique et des maisons religieuses, que Jeanne d'Albret pourvut à ces nouvelles dépenses. L'administration de ces revenus n'ayant pas manqué, comme toute mesure violente, de produire autant d'abus que de récriminations, un *conseil ecclésiastique* fut créé pour y remédier, et ce fut là également une des difficultés soumises à Catherine de Bourbon.

Ainsi que l'on vient de le voir, Jeanne d'Albret n'avait défendu jusque-là que l'*exercice public* du culte catholique en Béarn. Mais le pape ayant provoqué, et Charles IX ayant fait opérer en 1569 l'invasion de ce *pays souverain* par le baron de Terride, que le comte de Montgommery, lieutenant de la reine de Navarre, chassa du Béarn avec plus de promptitude que les catholiques n'en avaient mis à conquérir cette vicomté, le baron d'Arros et Montalmat, à qui Montgommery laissa son commandement, proscrivirent l'ancienne religion et rendirent obligatoire le nouveau culte pour tous les Béarnais. Ces défenses et ces injonctions se retrouvent dans la célèbre ordonnance que Jeanne d'Albret rendit en 1571, avec l'assentiment des états et du conseil souverain, *sur le rétablissement du royaume de J.-C. en son pays souverain de Béarn*. Les Béarnais obéirent.

Mais en basse Navarre, comme dans la vallée de la Soule, *que, du reste, cette dernière ordonnance ne concernait pas*, le parti catholique réussit à maintenir l'exercice entier de son culte, non sans quelques troubles et même quelques soulèvements, qui ne furent apaisés ou réprimés qu'au moyen d'une promesse formelle de respecter leur religion. On aime à trouver parmi ceux qui apportèrent aux Basques ces assurances fournies par Jeanne d'Albret son fils Henri de Bourbon, qui n'était âgé, lors de cette mission, que de 14 ans, et qui manifesta, dès cette époque, un esprit de tolérance dont il ne se départit jamais. — C'est à Mauléon que se réfugia le chapitre d'Oloron, chassé de la belle cathédrale de Sainte-Marie. L'évêque s'était retiré à Vendôme.

Telle était la situation des deux religions dans le Béarn, la basse Navarre et la Soule, lorsque survinrent et la mort de Jeanne d'Albret et la Saint-Barthélemy.

Sous la pression terrible qui lui fit abjurer la foi de sa mère, Henri de Bourbon, devenu roi de Navarre, rendit, le 16 octobre 1572, un édit rétablissant l'exercice public de la religion catholique en

Béarn, enjoignant aux ministres de la Réforme de quitter le pays, supprimant le conseil ecclésiastique et réintégrant le clergé dans tous ses droits et revenus. Le comte de Gramont, qui venait aussi d'abjurer, fut dépêché en Béarn pour faire exécuter ces ordres.

Mais les Béarnais refusèrent de s'y soumettre. Ils alléguèrent (ce qui était pour le moins plausible) que la cour de France n'était pour le roi de Navarre qu'une prison, et que l'édit du 10 octobre n'émanait pas de sa libre volonté. Ils firent même un mauvais parti au comte de Gramont à son arrivée en 1573, dans son château d'Hagetmau, en Chalosse ; et, si les supplications de la célèbre Corisande d'Andoins, sa belle-fille, qui se jeta tout échevelée et dans un désordre qui rehaussait sa beauté aux genoux du baron d'Arros, chef des religionnaires, réussirent à lui sauver la vie, il n'en resta pas moins aux mains de ces derniers, et n'en obtint ultérieurement la liberté qu'au prix d'une grosse rançon.

Pourtant il n'y eut pas en Béarn de représailles de la Saint-Barthélemy. Seulement les religionnaires, sous une sorte de dictature exercée par le baron d'Arros avec l'assentiment des états, s'y maintinrent dans la situation que leur avait faite la législation édictée par la feue reine. Quant à la Soule ainsi qu'à la basse Navarre, on comprend que, le culte catholique y ayant résisté même à Jeanne d'Albret, les événements qui suivirent la mort de cette princesse ne firent que consolider ce culte dans ces deux contrées.

Le roi de Navarre ayant réussi à s'enfuir de la cour de France, en février 1576, et s'étant empressé de faire profession de nouveau de la religion prétendue réformée, il ne s'en montra pas néanmoins plus intolérant envers les catholiques, et, s'il rétablit à leur sujet en Béarn les édits prohibitifs de sa mère, on ferma les yeux, d'après ses instructions, sur leurs démarches tant qu'elles ne compromirent pas la tranquillité publique. C'est ainsi qu'ils purent, sans être inquiétés, s'en aller, même par bandes, assister aux cérémonies de leur culte en Bigorre, y faire bénir leurs mariages et baptiser leurs enfants, au lieu de s'adresser aux ministres de la Réforme, comme l'avait ordonné l'édit de Jeanne d'Albret de 1571. Nous pouvons citer les habitants du village de Bescat, de la vallée d'Ossau, qui se rendaient, tous les dimanches, dans ce but, à Saint-Pé de Généres. Catherine de Bourbon ayant également respecté ces excursions religieuses, dont l'usage se maintint après sa régence, c'est à cette abbaye de Saint-Pé, située en Bigorre, que les parents de l'historien Marca, né à Gan, le 24 janvier 1594, l'envoyèrent pour qu'il reçût le baptême suivant le rite catholique.

Il résulte de ces derniers faits que dans le Bigorre, à l'exemple de la basse Navarre et de la Soule, l'ancienne religion dominait. La reine de Navarre essaya bien, vers l'an 1566, d'y défendre les processions publiques et les sépultures dans les églises. Mais la résistance à ces prohibitions fut telle que cette princesse, étant venue s'en convaincre sur les lieux mêmes, trouva prudent de révoquer ses premiers ordres et de permettre le libre exercice des deux cultes, par un édit qu'elle rendit à Tarbes, en juillet 1569.

Mais c'était l'époque où Charles IX avait résolu de faire envahir le Béarn par le baron de Terride, que secondèrent dans cette expédition les catholiques du Bigorre. D'après les ordres du même roi, le parlement de Toulouse envoya Raymond de Cardaillac, seigneur de Sarlabous, pour provoquer aux états de ce dernier comté l'élection d'un sénéchal et d'un chef de guerre chargés de gouverner le pays au nom de la France. Les états ayant désigné le baron de Bazillac comme chef militaire, et le baron d'Antin comme sénéchal, la reine de Navarre se trouva ainsi dépouillée du Bigorre jusqu'au retour de Montgommery de sa campagne en Béarn, ce lieutenant de Jeanne d'Albret s'étant ressaisi de Tarbes et de toutes les contrées environnantes. Depuis cette époque jusqu'à la mort de la reine de Navarre, une guerre intestine désola tout le Bigorre, à ce point que chaque parti prit et perdit la ville de Tarbes à trois diverses fois. La Saint-Barthélemy n'y mit pas un terme, et le parti de la Réforme, au lieu de s'en laisser abattre, redoubla de courage, ou, pour parler plus exactement, de fureur, secondé par les religionnaires de Béarn. En avril 1573, une bande de ces derniers, sous la conduite du capitaine Lizier, brûla l'abbaye de Saint-Sever de Rustan et ravagea tout ce quartier. Mais le baron d'Arros, s'étant porté sur Lourdes avec 3,000 Béarnais, fut repoussé avec perte. Plus tard Lizier occupa Tarbes, tua de sa main le baron de Baudéan, dans le voisinage de Trébons, qu'il brûla parce que ce village lui avait refusé des subsides, et périt à son tour dans une embuscade que lui avaient dressée les catholiques.

Sur ces entrefaites, le comte de Gramont, qui s'était mis à la tête des catholiques du Bigorre, après sa délivrance des mains du baron d'Arros, ayant marché sur la ville de Tarbes, les soldats de Lizier, restés sans chef, lui abandonnèrent cette place. Bientôt survint Henri d'Albret, baron de Miossens, qui remplaça le baron d'Arros dans le gouvernement de ces contrées, et réussit, par un traité conclu avec les états du Bigorre, à faire rentrer ce dernier pays sous l'obéissance du roi de Navarre. Lourdes fut occupée, comme place de sûreté, par Incamps, chef religionnaire, le 4 juillet 1576, et les deux religions purent désormais marcher de front dans ce pays.

De semblables péripéties venaient de se produire, vers les mêmes époques, dans le comté de Foix. A la suite d'une émeute qui eut lieu à Pamiers vers la Pentecôte de 1566, les prétendus réformés eurent le dessus et restèrent maîtres de la ville, *ayant tué ou chassé leurs ennemis*. (De Thou.) Mais un ermite de Saint-Augustin, nommé Polvarel, se réfugia dans la ville de Foix, où il réussit à provoquer un massacre des religionnaires par les catholiques. Les premiers, s'étant ouvert un passage les armes à la main, gagnèrent les montagnes, où il en périt plusieurs. D'autres se sauvèrent en Béarn.

A la nouvelle de ces troubles, Guillaume de Joyeuse, qui commandait en Languedoc, avait chargé Nogaret de la Valette du soin de les réprimer. Le 23 juillet, même année, une trêve signée entre les deux partis suspendit les hostilités. Mais le parlement de Toulouse instruisit sur l'émeute de Pamiers, comme sur le massacre commis à Foix, promettant une stricte impartialité, tout en ne faisant jeter dans ses prisons que des religionnaires. Ceux-ci s'évadèrent et se tinrent cachés en un lieu écarté que l'on nomme *les cabanes*. Plus tard ils furent trahis et dénoncés à un lieutenant du *boucher catholique*, Monluc; néanmoins il paraîtrait que le parlement *se contenta* de faire pendre leur ministre, Martin Tachard.

A part cette émeute de Pamiers et ce massacre de Foix, il semble résulter du silence des historiens que ce pays n'éprouva plus de troubles notables jusqu'en 1569. Mais, en 1569, les catholiques, on le sait déjà, essayèrent de dépouiller Jeanne d'Albret du Bigorre et du Béarn. Le comté de Foix, placé plus directement sous l'action du parlement de Toulouse, ne pouvait échapper à une pareille tentative. En octobre même année, la ville de Mazères fut forcée d'ouvrir ses portes aux catholiques. Pourtant, vers la même époque, les habitants de la vallée d'Andorre envoyèrent des députés à la reine de Navarre, retirée à la Rochelle, pour lui renouveler l'assurance de leur fidélité à sa personne. En juillet 1570, les prétendus réformés rentrèrent dans Mazères et, quand survint la Saint-Barthélemy, ils reprirent les armes, qu'ils avaient quittées sous la foi de l'édit de pacification du mois d'août 1570. Le sieur de Caumont, leur chef, se jeta de nouveau dans Mazères; lui mort, en juillet 1573, l'assemblée des prétendus réformés à Montauban nomma pour le remplacer le sieur de la Guimerie, qui débuta, en septembre suivant, par une victoire remportée sur M. de Mirepoix, devant le château de Ludiez, et se vit confirmer dans ses fonctions, en 1574, par les états assemblés au Mas-d'Azil, lesquels, à l'exemple du Béarn, ne tenaient aucun compte des ordres de leur prince captif. En mars même année, la Guimerie s'empara de Saverdun, dont il fit son quartier général. Le mois d'après, Joyeuse et la Valette menacèrent le comté de Foix ainsi que le Lauraguais et l'Albigeois ; mais, pour nous servir des expressions d'Olhagaray, « ils payèrent leur écot double, et y laissèrent plusieurs « les mittaines et la bourse, pour n'avoir prévenu les difficultés « qu'ils y trouvèrent. » — Charles IX mourut le 31 mai 1574.

Enfin, telle était la situation du comté de Foix à l'époque de l'évasion du roi de Navarre de la cour de Henri III et de ses premières lettres de régence en faveur de Catherine de Bourbon : les réformés tenaient Mazères, Saverdun, Saint-Girons, le sieur Daudou, qui les commandait, s'étant emparé de cette dernière ville en 1575. Quant à Pamiers, les catholiques y dominaient ; mais le sieur Dallon, leur chef, eut le mérite, bien rare à cette triste époque, d'y maintenir la paix entre les deux partis.

CHAPITRE V.

Faits accessoires.

La régence de Catherine de Bourbon, laquelle eut une durée de seize années, se divise en deux périodes : la première s'étendant du 4 janvier 1577, date de ses premiers pouvoirs, jusqu'au 11 juin 1588, date des dernières provisions qu'elle reçut de son frère ; et la seconde, depuis le 11 juin 1588 jusqu'au 25 octobre 1592, date du départ de cette princesse du Béarn.

Durant la première période, le roi de Navarre se trouva presque toujours en Gascogne, et à portée par conséquent de recevoir des communications de sa sœur, comme aussi de lui faire passer des instructions. Catherine vint même à Nérac, lors des célèbres conférences qui se tinrent dans cette ville entre le roi de Navarre et Catherine de Médicis ; et Marguerite de Valois parle, dans ses Mémoires, de la princesse de Navarre allant au prêche avec son frère, tandis que cette reine, non moins zélée catholique que galante, s'en allait *avec son train* ouïr la messe à une chapelle située dans le parc du château. A l'issue de ces conférences, Henri de Bourbon, les deux reines et la régente firent une excursion dans le comté de Foix. « Cette cour, a dit Olhagaray, esclairoit des perfec-« tions de Madame, sœur du roi, et de Marguerite de Valois. » Bien entendu pourtant qu'il ne s'agit pas ici du caractère de ces deux princesses, car personne, en aucun temps, ne fit l'injure à Catherine de Bourbon de la comparer, à ce sujet, à sa belle-sœur.

De son côté, le roi de Navarre opéra, dans la première période de la régence de sa sœur, seize voyages en Béarn, savoir : en 1579, un voyage, du 27 mai au 13 juin, lorsqu'au retour du comté de Foix il ramena la régente à Pau ; en 1581, un voyage, du 19 mars au 30 avril, lorsque, quelques mois après le traité de Fleix, il put aller prendre possession personnelle de sa vicomté, c'est-à-dire prêter son serment de fidélité à ses peuples devant les états et recevoir celui qui lui était dû en échange du sien, Marguerite de Valois l'ayant accompagné dans cette occasion, et s'en étant retournée à Nérac fort indignée des troubles qu'occasionna chez les habitants de la ville de Pau l'exercice du culte catholique dans le château durant son séjour ; en 1582, un voyage, du 2 septembre à la mi-octobre ; en 1583, quatre voyages : 1° du 12 au 17 janvier ; 2° du 23 au 30 juin ; 3° du 18 août au 13 octobre, y compris un séjour aux Eaux-Chaudes, à l'occasion d'une maladie qui fit ressortir toute l'affection des Béarnais pour leur prince, les états ayant voté des fonds pour en solder toutes les dépenses ; 4° du 6 au 14 novembre ; en 1584, cinq voyages : 1° du 17 janvier au 11 mai, à l'occasion d'une grave maladie de sa sœur ; 2° du 28 mai au 1er juin ; 3° du 30 juin au 11 juillet ; 4° du 18 au 30 septembre ; 5° du 12 au 24 octobre ; en 1585, deux voyages : 1° du 1er au 15 février ; 2° du 18 au 24 juin ; en 1586, un voyage, du 7 au 10 mars ; et, en 1587, un voyage, du 6 novembre au 2 décembre : le tout ne faisant que trois cent quarante-quatre jours passés en Béarn, durant treize années de séjour en Gascogne ou en Guienne, depuis son évasion, trois ans et demi après la Sainte-Barthélemy, et y compris le temps que lui prit la maladie dont nous avons déjà parlé. Encore ne consacra-t-il pas entièrement les autres voyages aux affaires publiques. Outre le désir de visiter sa sœur, il faut mettre aussi en ligne de compte l'amour qui le ramenait auprès de Jeanne de Monceau Tignonville, dame d'honneur de Catherine de Bourbon, et baronne de Pardaillan. Et, quant à l'excursion qu'il fit en Béarn, du 6 novembre au 2 décembre 1587, on lui a même trop reproché de n'avoir quitté, dans cette occasion, son armée victorieuse que pour faire hommage à la comtesse de Gramont des vingt-deux drapeaux conquis à Coutras.

Devenu l'héritier présomptif de la couronne de France par la mort de Monsieur, duc d'Alençon, survenue le 10 juin 1584, c'est en 1588 que le roi de Navarre quitta pour toujours la Gascogne. En passant à la Rochelle, il y renouvela, le 11 juin même année, les pouvoirs qu'il avait donnés à la princesse de Navarre, et c'est le motif qui nous a porté à prendre cette dernière date pour point de départ de la seconde période de cette régence. Le roi de Navarre atteste, dans ses dernières provisions, *que sa sœur avait, par sa singulière prudence, si bien et si sagement gouverné son royaume et pays souverain, et tant au gré, soulagement et contentement de tous ses sujets, qu'il voyait bien qu'à présent, étant sur le point de s'en éloigner pour les occasions notoires à chacun, il ne voulait ni ne pouvait partir sans tout de nouveau déclarer combien lui était agréable le doux et sage gouvernement et maniement de ses affaires par sa dite sœur.*

Nous allons voir, en rappelant les principaux actes de cette administration aux deux époques signalées plus haut, que cet éloge n'était pas exagéré.

Chapitre VI.

Actes de la régence.

De tous les systèmes de gouvernement, le plus difficile, le plus sage et le plus honni à la fois, c'est *le juste milieu*, puisqu'il faut l'appeler par son nom, et c'est celui qu'adopta et que suivit avec constance Catherine de Bourbon durant toute sa régence. Certes, il ne manquait en Béarn ni de mécontents ni d'impatients. Les uns (c'étaient les catholiques) regrettaient ce qu'ils avaient perdu, les autres (les religionnaires) n'étaient pas satisfaits de leurs conquêtes. On conçoit, on excuse les regrets des premiers ; on ne concevrait pas les prétentions des seconds, de ce parti qui s'intitulait celui de la raison et de la civilisation, si de trop nombreuses expériences ne nous avaient appris jusque dans ces temps modernes que tous les partis qui triomphent sont insatiables, toutes les religions en faveur intolérantes. Que pouvaient désirer les prétendus réformés du Béarn au delà de la liberté pleine et entière de leur culte ?... Et pourtant Catherine de Bourbon, dès son entrée au pouvoir, se vit assiégée de leurs plaintes, comme l'avait été déjà le roi de Navarre au sujet des légères infractions que celui-ci s'était permises contre les édits rigoureux de sa mère. Les états, le conseil souverain, les syndics du Béarn, tous élevèrent la voix. C'était, a-t-on dit, par représailles de l'intolérance des catholiques en d'autres contrées. Mais nous ne saurions admettre une pareille excuse. On arriverait ainsi à légitimer les plus grands crimes, car le propre des auteurs de représailles est de renchérir sur les excès dont ils prétendent se venger. Non ! et certainement non ! Pour être en guerre contre des fanatiques, il n'est pas permis de se montrer fanatique envers eux.

Catherine de Bourbon, bien que zélée calviniste, ne se départit jamais de la règle de modération qu'elle s'était imposée vis-à-vis des catholiques. Les réformés en vinrent jusqu'à soupçonner le prince d'être resté catholique au fond du cœur, de même qu'après son abjuration ultérieure les catholiques refusèrent de croire à la sincérité de sa conversion. Mais, vers l'époque où notre récit est parvenu, Charles de Bourbon, archevêque de Rouen, le pressant de rentrer dans le giron de l'Eglise catholique : « J'estime, mon cousin, lui ré-
« pond:t Henri de Bourbon, que les gens de bien de la noblesse et
« du peuple, auxquels je desire approuver mes actions, m'aimeront
« trop mieux affectionnant une religion que n'en ayant du tout
« poinct. Et ils auroient occasion de croire que je n'en eusse poinct,
« si, sans consideration aultre que mondaine (car aultre ne m'allé-
« gués en vos lettres), ils me voyoient passer d'une à l'aultre. Dites,
« mon cousin, à ceulx qui vous mettent telles choses en avant que
« la religion, s'ils ont jamais sceu que c'est, ne se despouille pas
« comme une chemise, car elle est au cœur, et graces à Dieu si
« avant imprimée au mien qu'il est aussi peu à moy de m'en dé-
« partir comme il estoit au commencement d'y entrer. » Certes, il serait bien dommage que de telles paroles ne fussent pas sincères ; et, lorsque l'on voit, vers la même époque, le roi de Navarre manifester les mêmes sentiments au duc d'Épernon, qui vint le trouver à cet effet en Béarn de la part de Henri III, les soupçons des religionnaires paraissent injustes.

Quant à la princesse de Navarre, personne ne douta de sa foi de calviniste, et il y eut par conséquent un grand mérite dans sa tolérance envers les catholiques. Nous aimons même à croire que, si elle n'eût pas craint de trop grands troubles, elle s'en serait tenue aux premiers édits de sa mère, lesquels se bornaient à défendre l'exercice public de leur culte. Cayet, qui fut l'un des prédicateurs de Catherine de Bourbon, affirme dans son *Append. chronol.*, p. 17, qu'il fit lui-même la proposition aux états, en présence de la régente, de rétablir la messe dans le Béarn. Toujours est-il que, si la régente crut devoir maintenir en Béarn les prohibitions de Jeanne d'Albret contre le culte catholique, elle le respecta et même le protégea dans la basse Navarre, dans la vallée de la Soule et dans le comté de

Bigorre. A l'égard du comté de Foix, que le roi de Navarre visita bien plus souvent que ne le fit sa sœur, et qui, à raison des fréquents voyages de ce prince à Montauban, se trouvait en quelque sorte sous sa surveillance immédiate, il y fit valoir les mêmes libertés. Mais il convient de considérer, au surplus, que ce dernier pays, placé dans le ressort du parlement de Toulouse et sur le bord du gouvernement de Languedoc, resta soumis à toutes les péripéties résultant des arrêts et des édits qui furent rendus pour ou contre les religionnaires.

Pour en revenir au Béarn, le prétendu grief sur lequel insistaient le plus ces derniers était pris du refus de rétablir le *conseil ecclésiastique*. Nos lecteurs n'ont pas oublié la saisie des *biens ecclésiastiques* ordonnée par la feue reine. Cette spoliation, dont la justice est fort contestable, et dont la révocation par Louis XIII produisit, dans des temps postérieurs à ceux de notre récit, de grands troubles, n'avait pas laissé d'alimenter et de consolider la Réforme, de même qu'une semblable mesure alimenta et consolida la révolution française. Ce n'est pas que la totalité des revenus de ces biens, dont une partie se trouvait vendue, fût appliquée au nouveau culte. Sans compter le traitement des ministres et les pensions servies à leurs veuves, le secours aux catéchistes, aux pauvres, aux orphelins, il y avait la dotation du collége, c'est-à-dire qu'il fallait prélever sur ces mêmes revenus de quoi solder l'entretien des écoliers, tant auditeurs que proposants, payer 50 places gratuites (1), ainsi que les professeurs de langue, les professeurs de philosophie et de théologie, les maîtres de musique et d'écriture, un médecin et un chirurgien attachés à cet établissement, un historiographe ainsi qu'un libraire, pour qu'il tînt boutique près du collége. Ce n'est pas tout : une autre partie de ces revenus s'en allait au conseil souverain, à la chambre des comptes, aux capitaines des Parsans, dont nous aurons

---

(1) On nous a communiqué un brevet de Henri, roi de Navarre, du 12 mars 1580, et rappelant un autre brevet du 28 février 1579, par lequel ce prince avait accordé à Jean de la Rufle, issu du mariage d'autre Jean de la Rufle avec Françoise, fille naturelle d'Alain d'Albret, trisaïeul de Henri IV, pour son fils, Joseph de la Rufle, « la première place, y est-il dit, d'escollier pensionnaire qui vien- « droyt à vacquer en nostre collége de Lescar du nombre des cinquante entre- « tenus sur le revenu des biens ecclésiastiques de nostre pays souverain, du « rang des vingt qui sont à nostre disposition. » Faute de place vacante, Henri accorde par le second brevet une pension sur les deniers casuels et extraordinaires des recettes du duché d'Albret et comté d'Armagnac.

Il existe à Puch, arrondissement de Nérac, un descendant de ce Joseph de la Rufle.

bientôt à parler, aux gouverneurs.... On y prenait aussi le salaire d'un orfévre, d'un fourbisseur, d'un arquebusier, d'un architecte, d'un jardinier attachés à la maison royale... Il doit suffire de ce simple aperçu pour faire ressentir combien d'abus s'étaient glissés dans cette administration. Pour avoir voulu y rémédier en créant le *conseil ecclésiastique*, Jeanne d'Albret en fit naître de nouveaux qui se perpétuèrent dans le maniement qu'obtint ce nouveau corps des mêmes biens, jusqu'à sa dissolution prononcée par le roi de Navarre, durant la captivité de ce prince à la cour de France. Henri de Bourbon n'avait pas rapporté cette révocation du *conseil ecclésiastique*, lorsqu'il chargea Catherine de Bourbon du gouvernement du Béarn.

Or, non-seulement les catholiques répugnaient au rétablissement de ce conseil, mais cette question divisait même les religionnaires, les uns pensant qu'il convenait de rendre l'administration des biens ecclésiastiques à un conseil qui resterait le maître d'en disposer pour le plus grand bien de la Réforme; les autres, qu'il valait mieux réunir ces biens au domaine de l'Etat, ce qui en assurerait l'application au service de la nouvelle religion.

Cette difficulté fut éludée, et le conseil ecclésiastique ne fut pas rétabli. Seulement, les états de Béarn prirent le soin de réprimer les abus qui se commettaient, notamment dans la mise aux enchères des baux à ferme des biens confisqués, les hommes puissants cherchant à s'en attribuer le monopole, sans croire déroger à leur noblesse.

Les villes d'Orthez et de Lescar avaient donné lieu, on le sait, à une autre difficulté en se disputant le collége que la feue reine avait fondé dans la première de ces deux villes, et qu'une peste avait fait transférer dans la seconde. Mais la régente maintint cet établissement à Lescar, et par conséquent plus à portée de sa surveillance personnelle.

Au surplus, et sans nous appesantir davantage sur ces discussions, nous nous bornons à constater ici que les contrées soumises au gouvernement de Catherine de Bourbon durent à la prudence et à l'esprit conciliateur de cette princesse de jouir d'une paix dont la France se trouvait totalement privée à cette même époque.

Il serait à désirer que l'on pût apprécier en même temps quelle fut l'influence de cette sage administration sur l'agriculture et sur le commerce; mais nous avons peu de notions touchant l'agriculture antérieurement au gouvernement de Catherine. Nous savons seulement que Henri d'Albret, aïeul de la princesse de Navarre, avait fait venir en Béarn des laboureurs de la Saintonge et de la Bretagne, qu'il leur avait donné des terres à défricher, et que, grâce à cet exemple, les Béarnais, jusque-là trop exclusivement pasteurs, s'adonnèrent à l'agriculture, laquelle néanmoins n'a pas, même de nos jours, triomphé entièrement des vieilles habitudes de ces peuples, ni complété ses conquêtes sur les landes de leur pays.

Pour ce qui est du commerce, les tarifs de divers péages revus par le même prince, c'est-à-dire par Henri d'Albret, fournissent des documents utiles. On y voit figurer, soit comme colportés dans l'intérieur, soit comme formant des objets de commerce avec l'Espagne, l'or et l'argent en lingots, le fer, l'acier, le cuivre, le laiton, l'étain et le plomb, ouvrés ou non ;

Le pastel, l'alun, le safran, le sel, l'huile, le lard, le poivre et autres épiceries, le sucre, *la droguerie* ;

Le poisson frais, et notamment les saumons, les anguilles et les aloses; le poisson salé, tel que les merlus, les morues, les harengs et les sardines ;

Les fromages, sans désignation de nature ou de provenance ;

Le blé, l'avoine, les raisins et les pommes, les vins et les *pomades* ou cidres, les pêches, les poires, les nèfles, les figues et les prunes ;

Les chevaux du pays, les chevaux d'Espagne, les mules d'Espagne, de Saintonge ou d'Auvergne, avec exemption de péage en faveur des hérauts d'armes, des trompettes, des hommes d'armes, des moines et religieux, des mendiants et des lépreux, à raison de leurs montures, à la charge d'affirmer par serment, s'ils en étaient requis, qu'ils ne portaient rien en fraude;

Les porcs, les ânes, les bœufs, vaches et veaux, les brebis et moutons, les chèvres et chevreaux, avec exemption en faveur des pastours conduisant leurs troupeaux à la montagne ou au pays des landes;

Les oies et les palombes, les faucons, les autours et les éperviers ;

Les lances et autres armes ;

La laine d'Aragon et la laine du pays, la soie et le coton (1) ;

Le drap d'or et le fil d'or, l'écarlate, les draps d'Oloron, d'Espagne et de Languedoc ;

---

(1) A cette époque, c'est principalement en Espagne que se travaillait le coton.

Toute *mercerie* de Lyon, du Bourbonnais, du Forez ou de la Flandre;

Les droguets et draps de cape;

Les soieries et rubans;

Les toiles de Laval, de Rohan, de Bretagne, de Châtellerault;

Le lin, le fil de lin, les draps de lin et les draps d'étoupe;

Le cordouan, le maroquin, les cuirs et les peaux de bœuf, de vache ou de veau; les peaux de brebis et de mouton, de chèvre et de chevreau;

Les chapeaux d'Espagne;

Le papier, les cartes, les livres, avec exemption de droits pour les bréviaires, heures et matines....

Même à une époque où le Béarn ne se trouvait pas encore en guerre ouverte avec l'Espagne, la question religieuse avait fini par rendre difficiles et dangereuses les relations commerciales des Béarnais avec les Espagnols. L'inquisition accusait les premiers de faire du prosélytisme sous prétexte de trafic; de là des avanies sans nombre et sans trêve, contre lesquelles la régente adressa ses plaintes à Philippe II, mais sans succès.

Dans le même temps, le commerce, l'industrie et l'agriculture souffraient cruellement dans l'intérieur du Béarn, ainsi que des autres États du roi de Navarre, des courses et de l'oppression des troupes qui les traversaient. Ce n'était pas la guerre, que la régente réussit à tenir à distance, mais c'étaient les désastres que la guerre ne manquait jamais de produire dans son voisinage, et qui se maintenaient même à la paix, les soldats vivant à discrétion dans le pays, brûlant les bois et jusqu'aux clôtures des fermes, détruisant même sur pied les récoltes avant leur maturité, détroussant les voyageurs, arrêtant, enlevant, dans leurs demeures, et mettant à rançon les habitants les plus riches.

En 1583, les députés de la vicomté de Marsan alléguèrent leur profonde misère pour obtenir aux états de Béarn d'être déchargés des donations votées extraordinairement dans l'intérêt du pays. Mais on leur fit cette triste réponse, que les souffrances dont ils se plaignaient étaient générales, et qu'elles atteignaient non-seulement les peuples du Béarn, mais aussi ceux de toute la Gascogne, de toute la France!... Pourtant, dès le mois de février 1580, Henri de Bourbon en avait écrit en ces termes à Saint-Genyès:

« J'ai sceu les pilleries et butins que font les soldats. Vive Dieu!
« donnés-y ordre; vous m'en répondés sur l'amitié que je vous
« porte; et qu'il ne paroisse que le maistre n'est en sa maison.

« Mons de Sainct Genyès, qui s'en prend à mon peuple, s'en prend
« à moy. »

De son côté, Catherine de Bourbon multiplia ses ordres pour remédier à ces maux. Il fut enjoint aux chefs et aux capitaines de parsan, aussi bien qu'aux jurats des villes et villages, de courir sus aux pillards, et même d'arrêter les soldats qui, dans leur voyage à travers le pays, ne seraient pas munis d'une permission du prince.

Enfin l'on établit des gardes dans les montagnes, afin que les habitants eussent toute sécurité à circuler et toute liberté pour se livrer à leur commerce.

D'un autre côté, il était urgent de pourvoir à la défense du Béarn et des autres États confiés à la princesse de Navarre, et cette nécessité dominait toutes les autres, vu la gravité des événements survenus en France.

Ceci nous fait une obligation de jeter un coup d'œil en partie rétrospectif sur les affaires du roi de Navarre.

A la suite des conférences de Nérac, d'autres avaient eu lieu, notamment à Mazères, dans le comté de Foix, où se rendit le duc de Montmorency, gouverneur du Languedoc, et où le roi de France se fit représenter par Nicolas d'Angennes, seigneur de Rambouillet; Catherine de Médicis, par l'abbé de Gardagno. Le roi de Navarre ne cessa d'y réclamer l'exécution loyale des édits précédents. Mais les hostilités, les trahisons et les surprises de places s'étaient succédé de jour en jour, et le chef des religionnaires sentit enfin qu'il valait mieux en venir à une guerre franche, ouverte, déclarée. Il commença celle-ci par un vigoureux coup de main, c'est-à-dire par la prise de Cahors, le 5 mai 1580. Mais la suite ne répondit pas à cet heureux début, car, peu de temps après, on voit les catholiques, sous le maréchal de Biron, insulter la capitale même de l'Albret, où, en l'absence du roi de Navarre, se trouvait la reine Marguerite de Valois, et même, si nous en croyons les Mémoires d'A. d'Aubigné, la régente Catherine de Bourbon.

Cette guerre, dite *des Amoureux*, aboutit à la paix conclue à Fleix, le 26 novembre 1580, et durant laquelle, malgré la bonne foi qu'apporta notre prince à faire exécuter l'édit de pacification contre ses propres partisans, la mauvaise foi des catholiques le mit dans la nécessité de prendre des mesures pour sa sûreté, notamment d'occuper la ville de Mont-de-Marsan ; c'était d'ailleurs une place de son patrimoine. Pour exécuter cette entreprise, comme aussi pour s'assurer cette conquête, il tira du Béarn quatre canons et il écrivit à Saint-Genyès de se tenir prêt à marcher au premier ordre avec 200 arquebusiers à cheval du Vicbilh, autant du parsan de Navarreins et un corps semblable du parsan de Sauveterre.

Ces mesures prises par Henri de Bourbon, dans la triste position où l'avaient placé les catholiques, donnèrent lieu à de vives récriminations. Néanmoins la paix se prolongea jusqu'en 1585.

A cette dernière époque, le duc d'Alençon n'existant plus, la Ligue avait redoublé de fureur contre le roi de Navarre, déjà si rapproché du trône de France. C'est en vain que ce prince, pour conjurer la guerre, offrit au duc de Guise, véritable chef des ligueurs, de vider leur querelle en champ clos. Le duc déclina ce défi héroïque; *la guerre* dite *des Trois Henri* (Henri III, Henri de Navarre et Henri, duc de Guise) ne tarda pas à éclater, et deux armées marchèrent sur la Gascogne, l'une commandée par le duc de Mayenne, l'autre par le maréchal de Matignon, lesquels se faisaient forts de saisir *le Navarrois* et de l'amener pieds et poings liés à Paris. Mais celui-ci s'évada de la Gascogne, après avoir pourvu à la défense de Nérac, de Clairac, de Castel-Jaloux et de Castets, ses principales places, pour l'approvisionnement desquelles il fit venir des poudres qui se fabriquaient à Navarreins. — Du reste, Matignon et Mayenne échouèrent; Henri de Bourbon, guerroyant dans la Saintonge et le Poitou, contint Biron et remporta, le 20 octobre 1587, sur le duc Anne de Joyeuse, la célèbre victoire de Coutras.

Plus tard les hostilités se ravivèrent dans l'Albret. Le maréchal de Matignon et Antoine Scipion de Joyeuse, grand prieur de Toulouse, parurent même devant Nérac vers la fin de février 1588. Mais ils en furent repoussés par le roi de Navarre.

Bientôt survinrent et la journée des barricades et le meurtre du duc de Guise, et l'alliance de Henri de Navarre avec Henri III, et la mort de ce dernier prince, et l'avénement de Henri IV au trône de France, du 1er août 1589, sans que les hostilités entre les religionnaires et les partisans de la Ligue eussent cessé un seul jour.

Pendant que ces guerres grondaient dans le voisinage du Béarn et du Bigorre, qu'y faisait, qu'y ordonnait Catherine de Bourbon pour préserver ce pays?

Aux états du Béarn du mois d'août 1579, cette princesse avait obtenu les sommes nécessaires pour l'entretien de 1,200 hommes; on pourvut en même temps à l'approvisionnement de Navarreins, place de commerce dans l'origine, et qu'Henri d'Albret avait munie d'un magasin d'armes et entourée de retranchements.

La guerre dite *des Amoureux* devenant de plus en plus imminente, il fut décidé, en 1580, sur la demande de Catherine de Bourbon, que les villes de Sauveterre, d'Orthez, d'Oloron, de Nay, de Pau, de Lescar, ainsi que le Vicbilh, recevraient des troupes dont les commandants devinrent ces *capitaines de parsans* dont nous avons déjà parlé. On mit également garnison dans les châteaux de Montaner, de Belloc, et jusque dans la tour qui surmonte le pont d'Orthez. Quant aux villes moins importantes, comme Monein, Salies, Pontac, Thèze, Lembeye, on se contenta de placer quelques soldats dans les temples qui s'y trouvaient. On n'eut pas, du reste, à se louer de tous ces capitaines chargés de la défense des parsans. Les peuples se plaignirent parfois de leurs vexations, et il paraît aussi que des poursuites furent dirigées contre Neys, qui commandait au château de Montaner, à raison de ses malversations dans l'administration des grains à l'approvisionnement de cette place.

C'est au moyen de ces mesures que le Béarn, préservé de toute hostilité, vit arriver la paix de Fleix, qui mit un terme à la guerre *des Amoureux*. Henri de Bourbon put même, pour soutenir cette guerre, emprunter quatre canons à la ville d'Orthez et mander à lui le régiment du sieur de Castelnau de Chalosse, cantonné dans la vallée de la Soule, et auquel il permit de se recruter de quelques soldats en Béarn. Pour ce qui est de la basse Navarre, le Béarn la masquait du côté de la France, et, de l'autre côté, le roi d'Espagne, mécontent de l'entreprise du duc d'Alençon contre la Flandre, essayait, vers cette époque, de nouer une alliance avec notre prince contre Henri III.

Mais la paix de Fleix ayant été mal observée, ainsi que nous l'avons déjà fait entendre, quelques craintes se manifestèrent, notamment dans les parsans qui formaient le bas Béarn, à cause de quelques troupes catholiques parvenues jusqu'à Peyrehorade, ville de la sénéchaussée des Landes, et, pour les surveiller, on garnit de sentinelles les clochers voisins de ces frontières.

Au début de la *guerre des Trois Henri*, c'est-à-dire en 1585, les alarmes durent nécessairement se reproduire dans le Béarn. Aussi la régente prit-elle le soin de convoquer à quatre reprises différentes les états du pays durant cette même année, et de se transporter avec eux dans la place forte de Navarreins, où les archives de cette assemblée nationale furent mises en sûreté également, sur la proposition de Mesplet, syndic du Béarn. Quelques difficultés s'étant élevées au sujet de l'approvisionnement de cette ville, que le roi de Navarre avait ordonné sans consulter les états, ceux-ci voulurent que les munitions fussent laissées à la garde des jurats locaux et que leur vicomte ne pût y toucher qu'avec l'agrément du pays. La régente semble avoir, sinon résisté à cette décision, du moins manifesté quelque mécontentement d'une telle défiance. Il paraît cependant que les états y persistèrent.

Le danger s'offrant plus menaçant de jour en jour, on fit de nouvelles levées de troupes et d'argent; on plaça des garnisons dans les villes fermées. Mais, à la sollicitation des députés de la nation, la régente exempta les autres villes de soldats et de capitaines étrangers à ces localités, et l'on se contenta de la garde qu'en assumèrent sur eux les habitants, sous les ordres de leurs jurats. Toutefois il fut réservé au roi de Navarre d'y mettre des garnisons, le cas échéant, pourvu que leur entretien ne fût pas à la charge des villes dont nous venons de faire mention. Les églises devinrent des forteresses; les clochers furent garnis de sentinelles, pour explorer du regard tout le pays; enfin une somme de 2,000 livres fut allouée au souverain, afin de l'aider à augmenter le nombre de ses compagnies; et comme, à l'exemple des états et de la régente elle-même, une foule de Béarnais s'étaient réfugiés à Navarreins, les états offrirent les fonds nécessaires pour agrandir cette place d'un bastion. On parla même de fortifier trois autres villes, pour obvier à l'encombrement dont celle de Navarreins se trouvait menacée. Mais les rivalités des localités firent ajourner en grande partie cette proposition, et la ville de Pau fut la seule qui, outre Navarreins, reçut quelques fortifications.

En mars 1586, les états accordèrent au roi de Navarre un subside de 15,000 écus, à condition que ce prince déchargerait sa vicomté de l'entretien des arquebusiers à cheval dont elle était grevée. Les églises réformées firent aussi en sa faveur une collecte qui produisit une somme de 777 livres. Ces ressources ne suffisant pas, Henri de Bourbon écrivit en Béarn pour y opérer des emprunts; mais les états protestèrent contre ce projet de violation de leurs fors, comme l'avaient fait leurs devanciers sous Henri d'Albret, et la régente, qui se trouvait encore à Navarreins, déclara que les lettres de son frère resteraient comme non avenues. Et pourtant, à cette époque, la Ligue était en négociation avec le roi d'Espagne offrant de lui livrer la basse Navarre en échange de ses doublons ! Les états votèrent néanmoins une gratification en faveur du baron de Navailles, chargé de la défense des pays situés au delà du gave béarnais.

Cette gratification fut renouvelée aux états d'avril 1587, en même temps qu'ils accordaient de nouveaux fonds à la régente pour la réparation des fossés et la construction du nouveau bastion de Navarreins. Vers la même époque Catherine de Bourbon défendit à tous les capitaines de quitter leur poste sans son aveu. Elle fit garnir de soldats tous les défilés. En un mot, le Béarn fut mis en mesure de repousser une agression, d'où qu'elle vînt. — Catherine, toute rassurée, rentra dans sa résidence de Pau.

La victoire de Coutras d'ailleurs vint modifier cette situation. De plus, Fabas, un des plus braves partisans du roi de Navarre, obtint des succès contre les ligueurs de l'Armagnac. Le capitaine Sus, Béarnais, ne fut pas moins heureux dans le Comminges contre les ligueurs commandés par Villars. En réalité, Sus et Fabas concouraient ainsi à la défense du Béarn et du Bigorre, puisqu'ils en écartaient les troupes de la Ligue. En outre, on occupa les villes d'Aire et de Tarbes. Avec Bayonne et Navarreins, c'étaient les véritables boulevards des États du roi de Navarre. Mais un fait regrettable se produisit dans la vallée de la Soule, au dire de Poueydavant. Cet auteur, qui se fonde sur les archives du chapitre de Beyries, affirme *que les Béarnais, enflés par la victoire de Coutras, envahirent à main armée et pillèrent le bourg de Domezain,* ajoutant *que ce pays fut à cette époque réduit à un tel état de misère qu'il n'a jamais pu s'en relever.*

Mais, postérieurement à l'avénement de Henri IV au trône français, l'orage qui s'amoncelait par delà les Pyrénées devint tel que la régente du Béarn dut prendre des mesures pour le conjurer.

Chapitre VII.

Affaires d'Aragon.

Vers l'an 1591, Philippe II, cédant aux provocations de la Ligue, se résolut à tenter l'invasion de la basse Navarre, de la Soule et du Béarn. Il leva une armée de 12,000 hommes de pied et de 2,000 chevaux, avec lesquels Alonzo de Vergas, vice-roi d'Aragon, devait passer les Pyrénées. Mais, heureusement pour Henri IV, la révolte de l'Aragon vint contrarier ces préparatifs, et, quoi qu'on en ait dit, Catherine de Bourbon sut profiter habilement de cette révolte pour détourner les coups dont se trouvaient menacés les pays confiés à ses soins. Voici, au surplus, dans quelles circonstances caractéristiques de cette étrange époque ces troubles se produisirent.

Né en Aragon, dans l'année 1539, Antoine Pérez, secrétaire de Philippe II, était doué d'une haute intelligence, de dehors séduisants, d'un caractère aimable, insinuant, et son dévouement à son prince ne connaissait ni bornes ni scrupules.

De son côté, Philippe II joignait à une extrême dévotion une passion pour les femmes que cette dévotion se trouvait impuissante à réprimer. Ce prince s'éprit d'amour pour Anne de Mendoza, princesse d'Éboli et femme de Ruy Gomez, ministre d'État. Mais Antoine Pérez, bien que devenu le confident de cette passion, ne put résister aux charmes de cette dame, qu'il se mit à solliciter pour son propre compte, et qui partagea son amour, ce qui n'empêcha pas cet amant heureux de pousser Ruy Gomez à plaider auprès de sa femme la cause du roi. C'est de cet *imbroglio* d'immoralités que provinrent tous les malheurs d'Antoine Pérez.

Vers l'an 1579, le célèbre D. Juan d'Autriche, gouverneur des Pays-Bas, avait dépêché son secrétaire Escovédo à la cour d'Espagne pour demander le rappel des troupes soit italiennes, soit espagnoles, qui opprimaient les Flamands. Escovédo, se voyant éconduit dans ses démarches, s'en prit au favori du prince, c'est-à-dire à Antoine Pérez, et voulant se venger il ne tarda pas à découvrir l'intrigue de celui-ci avec la princesse d'Éboli, intrigue qu'il s'empressa de dénoncer à Philippe II, en même temps que Pérez accusait Escovédo auprès du roi d'avoir suggéré à D. Juan d'Autriche le projet de se rendre indépendant de la couronne d'Espagne.

La vengeance de Philippe fut le chef-d'œuvre de cette dissimulation, dans laquelle nul ne l'égala, à une époque où Machiavel avait formé tant de disciples.

Ce prince commença par charger Antoine Pérez de faire tuer Escovédo, ce dont Pérez s'acquitta parfaitement, dans la nuit du 31 mars 1578. Puis le roi poussa la famille d'Escovédo à demander contre Pérez justice de cet assassinat.

Constitué prisonnier dans son propre appartement par suite de cette accusation, Pérez n'en continua pas moins ses fonctions de secrétaire d'Etat. Mais, en 1585, sa position s'aggrava, son maître, qui savait prendre son temps, ayant ordonné des recherches sur l'administration de son ancien favori.

En réponse à cette nouvelle poursuite, celui-ci donna communication à Diego de Chaves, confesseur du roi et membre du conseil d'enquête, des ordres de Philippe lui prescrivant les mêmes actes que maintenant il lui imputait à crime. Dès lors tous les soins de ce prince n'eurent pour but que de reprendre à Pérez ces écrits compromettants, ou du moins d'obtenir de son secrétaire qu'il s'abstînt de les produire. L'accusé s'étant arrêté à ce dernier parti, sur les conseils du frère Diégo, ses juges le condamnèrent à deux ans de réclusion ainsi qu'au payement d'une amende de 30,000 ducats, et le déclarèrent, de plus, incapable d'exercer des fonctions publiques durant dix années.

Pérez, s'étant évadé de sa prison par une fenêtre, se réfugia dans une église. Mais le roi le fit arracher de ce lieu d'asile et renfermer dans le château fort de Turegano. Cependant, comme la saisie de ses papiers n'avait pas mis au jour les écrits que Philippe avait tant à cœur de lui reprendre, on essaya, pour en obtenir la remise, de quelques faux-semblants de clémence. Puis Antoine Pérez, qui sentait bien que ces documents constituaient son unique sauvegarde, s'étant absolument refusé à les livrer, il y eut à son égard une recrudescence de rigueurs. Ses biens furent vendus, sa famille privée de le voir et même détenue dans une prison séparée. C'est ce qui le décida, non sans peine ni sans restriction, à remettre aux agents de son maître deux caisses pleines de papiers divers, lesquelles furent transmises sous cachet à ce prince. Cette remise valut au prisonnier d'être transféré à Madrid, d'y habiter une maison particulière et même de recevoir des visites.

Mais gardons-nous de croire que la haine qui le poursuivait se fût assoupie !.... Bientôt on vit le fils d'Escovédo renouveler ses poursuites contre le meurtrier de son père, à la sollicitation de Mathéo Vasquez, secrétaire d'État, et, nous n'en doutons pas, de Philippe lui-même. Cependant, chose réellement incroyable ! ce prince faisait passer en même temps à son ancien favori l'avis de ne pas s'inquiéter de tout ce bruit, et en conséquence de ne pas révéler que la mort d'Escovédo n'était due qu'aux ordres du roi d'Espagne, ce qui, dans les idées de ce siècle, constituait une justification suffisante. C'est encore le confesseur de Philippe II qui se chargea de cette dernière mission, et qui chercha même d'obtenir de Pérez qu'il s'avouât coupable et seul coupable de cette mort. Pérez ne s'étant pas rendu à cet avis on le mit à la question ; mais grâce au dévouement de sa femme, qui corrompit les geôliers et lui procura un cheval, il put s'évader et poussa tout d'une traite jusqu'à Catalayud, malgré les douleurs atroces qui lui étaient restées de la torture.

Réfugié ainsi en Aragon, sa patrie, il en invoqua les priviléges dont le principal (garantie de tous les autres) consistait dans une justice nationale et tout à fait indépendante du pouvoir royal. On sait en effet que, lors de la première entrée du roi dans Saragosse, on le faisait monter sur un échafaud avec une jeune fille qui, ayant une épée nue à la main et sur son front une couronne où se lisait cette inscription : *Justice d'Aragon*, lui remettait un sceptre, tout en retenant son glaive, et lui disait ces paroles sacramentelles : « Nous qui valons autant que toi, et qui pouvons plus que toi, nous « t'élisons notre roi sous la justice d'Aragon. » Cette justice avait pour tribunal la chambre dite des *Dix-sept* ou de la *Manifestation*. Antoine Pérez s'y soumit, et à la vue des ordres émanés de Philippe II, dont l'accusé avait eu la prudence de conserver les plus significatifs, cette cour souveraine et sans appel prononça son acquittement.

Vaincu devant la chambre des Dix-sept, le roi d'Espagne eut recours à sa fidèle alliée, l'inquisition, où il accusa Antoine Pérez d'avoir voulu se retirer en Béarn, *auprès d'un prince hérétique*. En conséquence, les inquisiteurs, appuyés par les troupes du vice-roi, se rendirent à la prison dite de *la Liberté*, dans Saragosse, pour se saisir de Pérez, qui s'y était constitué prisonnier. Mais déjà grondait dans cette ville, à la nouvelle de cette entreprise, une insurrection dont la violence fut telle que l'on vit des dames aragonaises y mener leurs fils uniques pour la défense des franchises nationales. Le prisonnier fut délivré, gagna les montagnes et tâcha de passer en France, par le val de Roncevaux. Néanmoins, les poursuites incessantes de Ramon Cerdan, gouverneur militaire, l'obligèrent de rentrer dans Saragosse, vers le 20 octobre 1591. Plus tard, l'avis lui étant venu que le vice-roi marchait sur cette ville à la tête des troupes royales, Antoine Pérez se réfugia de nouveau dans les Pyrénées, où, après avoir erré durant plusieurs jours parmi les rochers, et passé plusieurs nuits dans diverses grottes, il put trouver quelque repos au fond d'un vieux château situé non loin de Salient, sur les frontières de l'Aragon et appartenant à D. Martin de las Nunas ou de la Nuza. C'est de cette retraite que, le 18 novembre 1591, il fit parvenir cette requête à la régente du Béarn. (Nous en avons emprunté la traduction à M. Mignet.)

« Sérénissime Dame,

« Antoine Pérez se présente à Votre Altesse par le moyen de
« cette lettre et de la personne qui la porte. Madame, comme il ne
« peut exister ici-bas des lieux si cachés et si retirés où ne soit par-
« venu le bruit de mes persécutions et de mes aventures, il est pro-
« bable que, par suite de ce retentissement, la connaissance en

« sera arrivée jusqu'à des régions aussi élevées que celles où Votre
« Altesse réside. Ces persécutions sont telles et elles durent depuis
« si longtemps, qu'elles m'ont réduit à la plus impérieuse et abso-
« lue nécessité, pour ma défense et ma conservation naturelle, de
« chercher un port où je pusse sauver ma personne et la mettre
« à l'abri de cette mer pleine de tempêtes que soulève avec tant
« de furie, et depuis tant d'années contre elle, la passion de cer-
« tains ministres, ainsi que cela est notoire au monde entier. J'ai
« été comme une borne à l'épreuve du marteau et de tous les chocs
« possibles. Je supplie Votre Altesse de me donner sa protection et
« un sauf-conduit qui me fasse parvenir au but que je poursuis, ou,
« si elle le préfère, de m'accorder son appui et un guide pour pou-
« voir passer avec toute sûreté près de quelque autre prince, de
« qui je puisse recevoir le même bienfait. Votre Altesse fera là une
« chose digne de Sa Grandeur. »

Catherine de Bourbon n'avait garde de rejeter une telle suppli-
que. D'abord, il s'agissait d'un proscrit de cette inquisition à laquelle on avait comploté autrefois de la livrer elle-même avec son
frère et sa mère. En outre, les troubles de l'Aragon offraient aux
Béarnais l'occasion de donner à Philippe II assez de besogne chez
lui pour qu'il cessât d'inquiéter ses voisins. D'un autre côté, il faut
bien l'avouer, cette régente si sage n'avait pas pourtant dépouillé
tout à fait un défaut que les hommes prétendent être particulier à
son sexe, et l'on vient de se convaincre qu'Antoine Pérez, en ap-
puyant dans sa lettre sur ses nombreuses aventures, s'était efforcé
principalement d'exciter la curiosité de cette princesse. Aussi Catherine de Bourbon s'empressa-t-elle de répondre que le fugitif
serait le bienvenu en Béarn, où il obtiendrait toute liberté pour sa
personne et pour sa religion.

Il était temps !.... Les ordres de l'inquisition contre ce proscrit
se pressaient et se multipliaient, tandis que celui-ci hésitait encore
à fuir et sa patrie et sa famille. Bientôt l'avis lui vint de l'approche
d'un corps de 300 hommes en marche sur le château qui l'abritait,
et, dans la nuit du 23 au 24 novembre 1591, il se décida tristement
à son départ.

A voir de nos jours, et surtout dans cette belle saison d'été qui
nous attire chaque année dans les Pyrénées, les montagnes que
Pérez eut à franchir, on ne se rend pas bien compte des difficultés
qu'il éprouva dans cette traversée. Mais il était d'une faible com-
plexion et brisé d'ailleurs, non moins par des tortures morales que
par la main du bourreau. Il fallut le porter à bras dans les défilés

les plus dangereux. En d'autres lieux, on jetait un manteau sur la glace pour lui en faciliter le passage. Mais aussi ces défilés assiégés par l'hiver, ces neiges et ces glaces protégeaient sa fuite et le dérobaient au bûcher..... Parvenu aux Eaux-Chaudes, d'où il gagna, le 26 novembre 1591, la ville de Pau, il reçut de la sœur de Henri IV la plus généreuse hospitalité.

Mais Philippe II n'était pas homme à renoncer à sa vengeance, tant qu'il lui resterait sinon l'inquisition, du moins la trahison et l'assassinat. En France, Pérez se vit en butte aux traîtres et aux assassins soudoyés par le roi d'Espagne. De ces diverses entreprises nous dirons la plus piquante.

Il y avait pour lors en Béarn une dame dont Pérez, dans les Mémoires qu'il a laissés, vante lui-même la beauté et la distinction, mais de qui la trahison dont les émissaires de Philippe la crurent capable recommande peu le caractère et les mœurs. Ces Espagnols offrirent à cette belle personne une somme de 30,000 écus et six chevaux d'Espagne pour qu'elle vînt à Pau se lier avec Pérez, l'attirer chez elle par ses séductions et le leur livrer, soit durant la nuit, dans sa maison, soit dans une partie de chasse. La dame parut, en effet, dans la capitale du Béarn. Elle ne tarda pas non plus à voir le proscrit. Mais, ainsi que nous l'avons déjà énoncé, celui-ci était aimable et fort heureux auprès des femmes, si bien qu'ils s'éprirent d'amour l'un pour l'autre, et que, loin de livrer Antoine Pérez à l'inquisition, la belle se le réserva.

Sur ces entrefaites, l'Aragon venait de perdre son antique liberté. Alonzo de Vergas était entré dans Saragosse, n'ayant à la bouche que le mot de clémence, et porteur, au sujet des moteurs de l'insurrection, de cet ordre secret : « Faites que j'apprenne leur mort « en même temps que leur arrestation ! » Sur la foi des promesses du vice-roi, ceux des principaux révoltés qui s'étaient mis en sûreté reparurent dans Saragosse, furent saisis et livrés immédiatement aux bourreaux. Décimé dans les supplices, le parti national vit ses franchises noyées dans le sang le plus généreux.

C'est dans ces circonstances qu'à la sollicitation d'Antoine Pérez et d'autres émigrés de l'Aragon, tels que Martin de las Nunas, Diégo d'Heredia et François d'Ayerbe, Catherine de Bourbon se décida, non sans prendre conseil, à tenter une diversion au delà des monts contre Philippe II.

Vers la fin du mois de janvier 1592, un premier corps rassemblé dans la vallée d'Ossau se mit en marche à travers les Pyrénées. On était ainsi en plein hiver ; des pionniers précédaient cette troupe et lui taillaient son chemin dans la glace à l'aide de la hache et du pic. Douze vieux soldats armés de hallebardes et d'arquebuses servaient de guides et d'éclaireurs à l'infanterie, que suivaient, à leur tour, les bagages et (le croira-t-on ?) un petit corps de cavalerie (1).

Le vice-roi d'Aragon, à la première nouvelle de cette audacieuse entreprise, se porta de Saragosse à Jaca, qu'il occupa avec 3 à 400 hommes, non sans prendre le soin de faire garnir les hauteurs qui dominent le pas de Saint-Hélène, par où devaient déboucher les Béarnais, de nombreux montagnards des deux sexes, lesquels firent rouler sur les assaillants une avalanche de pierres et de rochers. Néanmoins le pas de Saint-Hélène fut franchi et la superbe vallée de Thène envahie. Les Béarnais poussèrent jusqu'à Viescas, ville distante de Jaca de 20 kilomètres.

Un autre corps de la même nation devait aborder en même temps l'Aragon par la vallée d'Aspo, sous les ordres de Salettes, gouverneur d'Oloron. Mais ici se produisit l'un de ces petits incidents d'où proviennent parfois les plus grands désastres. Salettes, à la réception de son ordre de départ, qui lui fut apporté un samedi, sollicita de la régente un délai jusqu'au lundi d'après, *ayant un sien enfant à faire baptiser, le lendemain* ; et non-seulement Catherine de Bourbon lui accorda ce délai, mais elle consentit même à devenir la marraine de cet enfant. Durant ce temps, le malheur voulut qu'une nièce de Salettes se noyât dans le gave, ce qui retarda de deux jours de plus le départ de son oncle ; en telle sorte que les troupes de Philippe II purent occuper le port que Salettes avait à franchir, et que, bien loin de faire sa jonction avec le premier corps venu de la vallée d'Ossau, celui que commandait le gouverneur d'Oloron ne put même pénétrer en Aragon.

D'un autre côté, la division s'était mise entre les capitaines béarnais et les chefs aragonais qui les avaient attirés chez eux, chacun voulant avoir la direction des affaires.

Enfin l'on accusa les soldats du Béarn d'avoir pillé quelques églises, et l'on ajoute que ce sacrilége leur aliéna tellement l'esprit de toute la population, jusque-là favorable à cette invasion, qu'il s'ensuivit contre eux une levée en masse ; ce que voyant, Vergas tomba sur eux à son tour, les chassa de Viescas et les ramena

---

(1) Nous avons déjà fourni ces détails ailleurs ; mais y renvoyer nos lecteurs semblerait une réclame. Ce serait aussi une lacune regrettable dans la présente notice.

jusqu'au pas de Saint-Hélène, d'où les Béarnais, divisés en deux bandes et harcelés par l'ennemi, repassèrent en petit nombre les Pyrénées, l'une par la vallée d'Ossau, l'autre par la vallée de Cauterets et le Lavedan, où les catholiques leur firent un mauvais accueil.

On reprocha également à Incamps, gouverneur de la vallée d'Ossau, de n'avoir pas suivi avec le reste de ses troupes ce premier détachement, lequel, dans ce cas, n'aurait été que son avant-garde.

Quoi qu'il en soit, d'Ayerbe, Hérédia et quelques autres émigrés d'Aragon qui s'étaient joints aux envahisseurs, restèrent aux mains de Vergas, qui les fit mettre à mort. Mais le vice-roi renvoya les prisonniers béarnais à Catherine de Bourbon, avec charge de lui dire que cette entreprise n'avait été qu'une œuvre de femme (obra de mugeres). Courtoisie et jactance! puisqu'il n'osa pas, lui, faire l'œuvre d'un homme en rendant aux Béarnais leur agression, et qu'en réalité l'orage qui avait menacé si fort les possessions de la régente se trouva définitivement détourné.

Pour en finir avec le fugitif dont nous avons raconté les aventures dans ce chapitre, nous ajouterons qu'Antoine Pérez suivit bientôt après la princesse Catherine à la cour de France, lorsque des contradictions personnelles que nous allons maintenant faire connaître décidèrent Madame à quitter le Béarn. Il mourut en 1611, sans avoir revu sa patrie. Mais, après quatre ans de réclamations, sa famille obtint de Philippe III la réhabilitation de sa mémoire et la restitution de ses biens.

Chapitre VIII.

Amours de la régente.

Aucune princesse de sang royal n'eut autant de prétendants à sa main qu'en compta la sœur de Henri IV, ce que les médisants, témoin d'Aubigné, attribuaient en partie à un calcul de ce prince : « Le roi étant couché à Garnache, dit-il, en une grande chambre « royale, et son lit, outre les rideaux ordinaires, bardé d'un tour de « lit de grosse bure, Fontenai et moi à l'autre coin de la chambre, « en un lit qui étoit fait de même, comme nous drapions notre « maître, moi ayant les lèvres sur son oreille, et ménageant la voix, « lui répondoit souvent : «Que dis-tu?» — Le roi repartit : «*Sourd* « *que vous êtes, n'entendez-vous pas qu'il dit que je veux faire plu-* « *sieurs gendres de ma sœur?* » — Nous en fûmes quittes pour dire

« qu'il dormît et que nous en avions bien d'autres à dire à ses dé-
« pens. » (*Histoire universelle*, liv. III, ch. XXI.)

Dès la naissance de la princesse Catherine de Bourbon, Henri II, roi de France, et Antoine de Bourbon, roi de Navarre, l'avaient destinée à François de Valois, fils de ce même Henri II, et qui fut duc d'Alençon, comte de Flandres. Ce dernier requit même, en 1582, l'exécution de ce projet nuptial, dont la question de religion détermina la rupture.

On sait déjà que, sans la perfidie que mit Catherine de Médicis à exagérer auprès de Henri III un léger défaut de la personne de sa filleule, Catherine de Bourbon se serait assise sur le trône de France. — Elle aurait pu également s'asseoir sur le trône d'Espagne si son frère, moins patriote, s'était décidé à accepter les propositions de Philippe II, qui lui offrit en 1580, comme condition de son mariage avec la princesse de Navarre, de l'appuyer d'hommes et d'argent pour qu'il se fît *roi de Gascogne*. On ajoute que le monarque espagnol *tint même par long espace de temps 800,000 ducats dans Ochagavy, village de la haute Navarre au-dessus de Roncevaux*, à la disposition de Henri de Bourbon. — On met aussi sur les rangs des prétendants à la main de Catherine de Bourbon le duc de Lorraine, dont plus tard elle accepta le fils pour époux. — Le prince d'Anhalt la rechercha également. — Henri III, « qui avait fait épouser à
« Joyeuse la sœur de la reine sa femme, voulait marier d'Epernon
« à Madame Catherine, sœur du roi de Navarre, ce qui blessa pro-
« fondément ce prince. » (Note de M. Berger de Xivrey. Recueil des lettres missives de Henri IV publié dans la collection des documents inédits sur l'histoire de France.)

En août 1582, Emmanuel, duc de Savoie, dépêcha le sieur de Bellegarde auprès du roi de Navarre pour lui demander la main de sa sœur. De son côté, ce dernier prince chargea le sieur de Clervaut de cette négociation. Dans les instructions que celui-ci reçut de son maître, on lisait : « Sur ce que le sieur de Bellegarde lui auroit tenu
« propos qu'il seroit requis pour parvenir que madite dame sa
« sœur changeast sa religion, ne peut le dit seigneur roy lui celer
« que cette condition lui a semblé dure et estrange, comme il ne
« doubte qu'elle semblera telle au dit seigneur duc, quand il y aura
« un peu pensé. » (*Ibid.*) Le duc de Savoie n'ayant pas voulu se départir de cette condition, la négociation n'eut pas de suite.

En novembre 1588, ce fut le tour de Jacques Stuart, cinquième du nom, roi d'Ecosse, et voici dans quels termes le roi de Navarre en écrivit à la comtesse de Gramont, dont il connaissait l'influence sur l'esprit de la régente du Béarn.

« ..... Il y a ici un homme qui porte des lettres à ma sœur du
« roy d'Ecosse. Il me presse plus que jamais du mariage. Il s'offre
« de me servir avec 6,000 hommes à ses despens et venir luy-mesme
« offrir son service. Il s'en va infailliblement roy d'Angleterre. Pré-
« parés ma sœur de loin à luy vouloir du bien, lui remonstrant
« l'estat auquel nous sommes et la grandeur de ce prince avec sa
« vertu. Je ne luy en écris poinct. Ne luy en parlés que comme
« discourant ; qu'il est temps de la marier (elle avait 30 ans révo-
« lus), et qu'il n'y a party que celui-là, *car de nos parents, c'est
« pitié !...* »

Il paraît même que la reine Elisabeth, adressant des sollicitations personnelles à la princesse de Navarre, et la traitant de sa sœur de France, lui écrivit *que, si elle vouloit passer en son île pour l'amour d'elle, elle seroit assurée par pièces authentiques d'être reine d'Angleterre après son décès.* (D'Aubigné.)

Mais Catherine de Bourbon ne partageait pas l'aversion de son frère envers l'un de ces parents, desquels il disait : *C'est pitié !* Ces parents, c'étaient François de Bourbon, duc de Montpensier et Charles de Bourbon, comte de Soissons, tous les deux cousins du roi et tous les deux briguant cette alliance. Cette princesse accorda toutes ses affections au comte de Soissons, et ce fut pour Henri IV le sujet de graves inquiétudes.

Ce prince, n'étant encore que roi de Navarre, loin de répugner à ce mariage, l'avait, assure-t-on, désiré et même provoqué. Devenu roi de France en 1589, il ne tarda pas à pénétrer les projets secrets du comte de Soissons, qui voulait devenir le chef du parti protestant, au moyen de son mariage avec Catherine de Bourbon, plus sincère que lui dans son amour. Nous venons de voir que Henri IV avait chargé la comtesse de Gramont de parler à la régente en faveur du roi d'Ecosse. Mais Henri, l'inconstance incarnée, ne se doutait pas de la peine qu'il éprouverait à étouffer dans le cœur de Madame une passion qu'il avait lui-même fomentée. D'un autre côté, Corisande d'Andouins, comtesse de Gramont, s'était prononcée auprès de cette princesse en faveur du comte de Soissons, pour contrarier les désirs du roi. La comtesse de Gramont avait été l'objet de la part de ce monarque d'un amour dont on peut lire les expansions éloquentes dans une multitude de lettres qui nous sont parvenues. Certes, durant ce commerce galant, ce n'est pas que Henri n'eût à se reprocher quelques infidélités envers cette dame. La chronologie de ses amours est assez confuse, et nous ne sommes pas sûr qu'il n'eût pas mené de front des intrigues, savoir, à Nérac avec la Fosseuse, et à Pau avec Mlle de Tignonville, le tout au plus fort de sa passion pour la comtesse de Gramont. Néanmoins c'est de l'amour de Henri IV pour la *charmante Gabrielle* d'Estrées que provint la jalousie de Corisande d'Andouins, et c'est pour se venger de cette infidélité que sa haine attisa la passion de la régente pour son cousin Charles de Bourbon, s'étant constituée leur confidente réciproque, et leur prêtant pour les rapprocher toutes les ressources d'un esprit fin et délié autant que d'un caractère hardi et décidé.

Pour la justification de cette dame célèbre, il est juste d'ajouter qu'elle n'avait pas été pour le roi de Navarre une maîtresse ordinaire, car elle lui avait fourni généreusement, durant ses mauvais jours, des secours en argent et même de nombreux soldats. Mais, à l'époque dont nous parlons ici, la belle Corisande se trouvait surchargée d'embonpoint; à la fraîcheur, qui rehaussait naguère sa beauté, avaient succédé les rougeurs d'un teint trop échauffé. En un mot, mot fatal! elle avait vieilli.

C'est à son instigation que le comte de Soissons, qui combattait avec Henri IV au camp devant la ville de Rouen, quitta l'armée au mois de mars 1592 (donnant pour prétexte de cette désertion la maladie de sa mère, Françoise d'Orléans, duchesse de Longueville), et poussa d'un seul trait jusqu'à Pau, où son premier soin fut de faire signer à Catherine de Bourbon, comme de signer lui-même, une promesse réciproque de mariage, tout en pressant les préparatifs pour la célébration religieuse de cette union. Mais ici les difficultés se dressèrent contre leur amour. On savait à Pau avec quelle passion le roi s'opposait à ce mariage. Il en avait écrit en ces termes à la comtesse de Gramont un an auparavant : « J'avois donné « charge à la reine de parler à vous touchant ce qu'à mon grand « regret estoit passé entre ma sœur et moy. Tant s'en faut qu'il « vous ayt trouvé capable de me croire, que tous vos discours ne « tendoient qu'à me blasmer, et fomenter ma sœur en ce qu'elle ne « doibt pas. Je n'eusse pas pensé cela de vous, à qui je ne diray « que ce mot : Que toutes personnes qui voudront brouiller ma sœur « avec moi, je ne leur pardonneray jamais. »

Aussi, lorsque les deux amants requirent le ministre Cayet de bénir leur mariage, celui-ci, bien que dévoué à la régente, s'y refusa formellement. C'est en vain que le comte de Soissons, transporté de fureur, le menaça de son épée. « Tuez-moi, lui dit Cayet, tuez-moi, « Monseigneur ! J'aime mieux mourir de la main d'un prince que « de celle du bourreau ! » Cayet avait raison de parler ainsi, car voici quelles furent les menaces qu'à la nouvelle du voyage du comte de Soissons Henri IV fit parvenir à Pierre de Mesmes, seigneur de Ravignan et premier président du conseil souverain de Pau :

« ..... Je ne vous dirai autre chose, sinon que, s'il se passe rien où
« vous consentiés et assistiés contre ma volonté, *votre teste m'en*
« *respondra.* »

A la réception de cette lettre, le président de Ravignan (et non le sieur de Pangeas, comme l'a rapporté Poeydavant, d'après les *OEconomies royales*), prit toutes les mesures pour empêcher le comte de Soissons de passer outre. Il est vrai de dire aussi que les Béarnais se soulevèrent dans l'intérêt du roi et sous les ordres de Gassion, second président du conseil souverain. Ils se saisirent du château de Pau ; l'on donna des gardes à Madame, de peur qu'elle ne fût enlevée par son ambitieux amant, et le comte de Soissons se vit contraint de quitter le Béarn, sans avoir réussi dans une entreprise toute politique de son côté.

Catherine de Bourbon se plaignit amèrement à son frère du fâcheux éclat donné à cette affaire. Dégoûtée d'un pays qui l'avait si fort contrariée dans ses affections, et qu'elle accusait d'ingratitude, elle demanda et obtint que le roi la rappelât auprès de lui.

Mais, avant de passer à la vie de cette princesse postérieurement à son départ du Béarn, il n'est pas inutile à sa gloire de constater que les ligueurs s'abstinrent d'attaquer cette vicomté tant qu'elle en eut le gouvernement, et que, dès qu'ils la virent s'en éloigner, Villars envahit le Bigorre et marcha ensuite sur Pontac, qu'il mit à feu et à sang, à ce point que l'infection résultant des cadavres y produisit une peste dont moururent 500 personnes, y compris 200 ligueurs, victimes ainsi de leur propre cruauté. Villars ne craignit même pas d'adresser à la ville de Pau la sommation de se rendre. Mais le baron de Lons, qui y commandait, fit une telle réponse et prit de telles mesures que les ligueurs s'écartèrent de cette place pour piller et brûler Espoey et Ger. A la suite de ces tristes exploits, Villars se retira honteusement (1).

---

(1) Peu de temps avant de quitter le Béarn, la princesse Catherine avait fait un voyage en Guyenne, auprès de Matignon qui y commandait, afin d'obtenir l'appui de ce maréchal de France pour les États confiés à sa régence. En passant à Mont-de Marsan, elle accepta l'hommage d'un livre *sur la prédestination*, que lui offrit Claudine Lixant, femme d'un avocat et zélée calviniste. Vers la même époque, la régente visita également Bayonne, et le maire ainsi que les jurats de cette ville lui firent un si *magnifique accueil*, que le roi crut devoir leur en adresser des remerciments.

Chapitre IX.

Voyage de Catherine de Bourbon.

C'est le 25 octobre 1592, qu'après avoir tout ordonné au mieux dans les contrées qu'elle quittait, Madame, sœur unique du roi, s'éloigna pour la dernière fois du Béarn, au milieu des témoignages sincères de regrets universels. « Ah ! Madame, lui dit une femme du « peuple, nous voyons bien votre départ, comme nous avons vu « celui de votre mère, mais nous ne verrons pas non plus votre « retour ! (*Ah ! Madame, plaa veden l'anade com de la vostre may, « mes non veyram pas la tournade.*) » (Olhagaray ; *Histoire de Foix, Béarn et Navarre*). Triste prophétie qui ne tarda que de peu d'années à se réaliser !

Cette princesse prit son chemin par Hagetmau (qui était à la comtesse de Gramont), Saint-Sever, Mont-de-Marsan et Bazas, reçue partout avec les mêmes honneurs que l'eût été le roi, conformément aux ordres que celui-ci en avait donnés. L'irritation produite par la tentative du comte de Soissons avait peu persisté. Henri IV aimait toujours sa sœur, et nous nous plaisons à reproduire ici l'expression pittoresque dont il se servit un jour pour lui témoigner son affection fraternelle : « La racine de mon amitié sera toujours verte « pour vous, » lui avait-il écrit. Il résista jusqu'à la mort de Madame au principe qui voulait la réunion de ses Etats patrimoniaux au domaine de la couronne de France, et c'est même vers cette époque de 1592, croyons-nous, qu'il lui consentit une première concession du duché d'Albret. Dans des lettres datées de Folembrai, le 28 janvier 1598, et enregistrées au parlement de Bordeaux, le 5 avril suivant, pour la confirmation des droits et priviléges des peuples de ce duché, ce prince rappelle qu'il a fait *n'a guères* le délaissement de l'Albret à sa sœur unique ; et dans une lettre de Catherine de Bourbon aux consuls de Castel-Jaloux, du 28 novembre précédent, elle se qualifie de *duchesse d'Albret* et de *comtesse d'Armagnac*. Néanmoins, il semble résulter d'une lettre de Henri IV à *madame Catherine*, sous la date du 22 juin 1596, qu'il s'éleva vers cette dernière époque des démélés entre le frère et la sœur au sujet du partage de la succession de Jeanne d'Albret. On verra, plus loin, quel fut le lot attribué à la princesse de Navarre. Il forma la dot que lui constitua le roi lors du mariage de Catherine de Bourbon avec le duc de Bar. Nous allons reprendre maintenant le récit du voyage de Madame, à son départ du Béarn.

Le maréchal de Matignon, qui commandait pour le roi en Guienne, se porta au-devant de Catherine de Bourbon jusqu'à mi-chemin de Bazas à Captieux (baronnie propre à Henri IV), « et lui « rendit les devoirs et honneurs d'un bon et ancien serviteur de la « maison et couronne de Navarre en son particulier, comme ayant « été nourri enfant d'honneur de la reine Marguerite de Valois, « sœur du grand roi François Ier. » (Cayet.)

Cayet nous a transmis aussi, avec plus de détails qu'on n'en trouve dans la *Chronique de Bordeaux*, le cérémonial qui fut observé pour l'entrée de cette princesse dans cette dernière ville, le 20 novembre 1592.

« Elle fut rencontrée, y est-il dit, sur la rivière par toute la « maison de ville de Bordeaux en corps, avec toute la noblesse, au « lieu même où autrefois la feue reine Catherine de Médicis avoit « pris son rafraîchissement, lorsqu'aussi elle fit avec le roi Charles « son entrée en la dite ville, l'an 1564 (1). Le premier capitoul de « Bordeaux lui ayant fait une harangue (2), elle entra dans une bar-« que de parade, peinte, dorée, couverte et tapissée de velours de « ses couleurs, et accompagnée de plusieurs autres barques char-« gées de seigneurs et gentilshommes, dames et damoiselles : elle « fut conduite à la rame par des espalliers accoustrés de même li-« vrée que la barque jusques à l'endroit de la bastide, avec toutes « sortes d'instruments de musique. En mesme temps, la cour de « parlement en corps la vint saluer à la sortie de sa barque, et lui « fut fait une belle harangue par M. Daffis, premier président « de Bordeaux, en laquelle il louoit Dieu de ce bonheur de « voir en leur ville la perle des princesses, sœur unique de leur « roi. Durant que ces choses se passoient, on n'oyoit que canonades, « tant des châteaux Trompette et du Ha, que des navires, avec une

---

(1) Ceci ne se trouve point d'accord avec ce passage de la *Chronique de Bordeaux*, année 1564 :

« La ville ayant eu advis de la venue du roy à Bordeaux, pour y faire son « entrée, et mesmes S. M. avoit écrit de Tolose à M. de Burie, donnant com-« mission aux habitants de s'armer pour sa dite réception et entrée, MM. les « jurats font les appareils, soit pour les estofes des robes de maire, et les « leurs, maison navalles et autres choses : *mais S. M. fut destournée ailleurs* « *et convint vendre les dits appareils.* »

(2) Il s'agit ici du maire, qui était le maréchal de Matignon, ou du premier jurat, qui était un sieur de Gérard. La ville de Bordeaux n'avait pas, comme Toulouse, des capitouls.

« joye et applaudissements du peuple ; et fut son Altesse ainsi con-
« duite et suivie de toute la noblesse et bourgeoisie jusques en la
« maison du trésorier général de Pontac, qui étoit le logis que l'on
« lui avoit préparé. Messieurs du clergé de Bordeaux allèrent aussi
« au devant, et lui fit une harangue à laquelle son Altesse répondit
« fort dignement, les remerciant de la bonne affection qu'ils lui
« montroient en faveur du roy. Elle eut aussi cet honneur de faire
« ouvrir les prisons, comme il se fait de droit et de coutume, aux
« entrées royales, pour la compassion des pauvres misérables. »

Pourquoi faut-il qu'à ces détails de fête nous ajoutions que le séjour de Catherine de Bourbon dans la ville de Bordeaux fut gravement troublé pour cause de religion ? Quelques habitants s'étant présentés à l'hôtel de Pontac, désireux d'y assister au prêche des ministres de Madame, les catholiques s'en courroucèrent, et le parlement fit publier par toute la ville et même devant le logis de cette princesse des défenses aux Bordelais de se rendre à ces cérémonies. Quelques récalcitrants furent même incarcérés, les sollicitations de la sœur du roi en leur faveur n'ayant abouti qu'à des excuses dérisoires que le parlement lui fit adresser, en motivant sa décision, dans cette occurrence, sur la nécessité d'obvier aux querelles qui pouvaient se produire.

Cela fit que, profitant des offres de service que vint faire à son Altesse Royale, dans Bordeaux, le sieur de Monguyon, tant au nom du sieur de Massés, lieutenant de M. d'Epernon en Saintonge, que de la part des religionnaires de ce même pays, le maréchal de Matignon donna le conseil à la princesse de continuer son voyage. Cayet ajoute qu'à la même époque de novembre 1592 « quelques
« anabaptistes flamands, étant venus à Bordeaux pour y charger
« des vins, avaient apporté quelques livres de leur secte, qu'ils tâ-
« chaient de divulguer sous main. Mais, découverts, ils furent bien
« réprimés par ledit sieur maréchal de Matignon, de peur de plus
« grand mal. »

Catherine de Bourbon gagna Vayres, *lieu fort sur la Dordogne*, où elle courut un grand danger par la rupture d'une poutre de la salle dans laquelle cette princesse se trouvait à souper en nombreuse compagnie. Escortée par le sieur de Massés, qui s'était mis à la tête de la noblesse du pays, elle traversa la Saintonge et l'Angoumois, faisant partout des entrées royales et délivrant des prisonniers, précieux privilége qui la dédommageait de ses fatigues comme des ennuis du cérémonial. Au départ de Niort, le froid devint excessif, et l'on apprit, pour surcroît d'inquiétude, qu'on lui avait tendu des embûches à Poitiers. Mais elle n'en continua pas moins son voyage, bravant à la fois l'hiver et les ligueurs, séjourna, vers la Noël, à Parthenay, vint à Thouars, puis à Montreuil-Bellay, et atteignit enfin Saumur, vers la mi-janvier 1593. Comme elle n'arriva que la nuit dans cette dernière ville, Cayet paraît regretter les belles harangues que l'on ne put faire à Madame. Mais, pour peu qu'elle fût du goût de son frère à cet égard, elle devait avoir assez de ces harangues, à trois par entrée, dans chacune des villes qu'elle venait de visiter. Du reste, Duplessis-Mornay, qui se trouvait à Saumur, lui fit une magnifique réception, mû non moins par son affection pour une princesse digne de toutes les sympathies du parti protestant que par les ordres de son maître.

Mais à Saumur, où devait accourir la joindre Henri IV, Catherine se vit contrainte d'attendre que celui-ci pût dérober quelques jours aux difficultés inextricables qui l'entouraient. Ce n'est pas que de part et d'autre ils ne désirassent ardemment de se revoir après une si longue séparation. La princesse elle-même, abjurant tout ressentiment de l'opposition de Henri à son mariage avec le comte de Soissons, soupirait après le moment où il lui serait donné, disait-elle, *de rendre son hommage à son frère, comme roi de France*. Henri IV, de son côté, se plaignait à Gabrielle des *affaires*, ou, pour mieux dire, des *importunités* qui le retenaient. « Dieu sait, disait-il, « les bénédictions que ma sœur leur baille, » et ce n'est que le 28 février 1593, vers les onze heures du soir, qu'ils se revirent. *L'hommage* de la sœur *au roi de France*, son frère, fut de se jeter dans ses bras. Mais il est triste pour nous d'avoir à rappeler aussi que, pour s'être oublié durant quelques jours auprès de Catherine de Bourbon, Henri IV perdit la ville de Noyon, que les ligueurs lui enlevèrent.

Le roi conduisit Madame, d'abord à Tours, et plus tard à Nantes. Ce serait à cette époque, d'après Mézerai, que Henri IV aurait pensé à marier sa sœur avec le duc de Montpensier, pour lequel nous avons vu plus haut le peu d'estime qu'il professait. Quoi qu'il en soit, ce monarque tint dès lors à sa portée, durant ses opérations militaires, et sa sœur, et sa maîtresse, et son conseil. Quelquefois même les dames venaient à l'armée et assistaient aux combats, comme elles l'eussent fait à une passe d'armes. Pendant le siége de Dreux qu'entreprit Henri IV, en juin 1593, il écrivit à Gabrielle d'Estrées, chez laquelle nous ne trouvons pas, il est vrai, cette humeur guerrière: « Nous combattons ici à la barrière, mais « elle est plus dangereuse. *Nous ne laissons pas d'y avoir des dames.* » Ainsi, dans ces années d'un fanatisme si farouche, l'esprit français

surnageait néanmoins et semblait protester contre ces fureurs !...
Henri ayant reçu un jour l'avis de l'arrivée à Pontoise d'un corps
ennemi de 300 chevaux : « Je n'en ai que 200, dit-il à sa maîtresse,
« mais je m'en vais passer à la vue de la ville, pour voir s'ils veu-
« lent se battre, et s'ils le font, *je donnerai un coup de pistolet pour*
« *vous.* » A ce même siège de Dreux, dont nous avons déjà parlé,
Catherine de Bourbon se trouvait auprès de son frère, avec mes-
dames de Rohan, mère et fille, ainsi qu'avec plusieurs autres dames
et damoiselles, lorsque la ville tira sur ce groupe ; quelques officiers de la maison de Madame furent blessés non loin de cette princesse, et le roi faillit d'être atteint, ce qui lui fit écrire à Gabrielle :
« Mes belles amours, vous avez cuidé perdre votre serviteur ; » de
même qu'après le combat de Fontaine-Française, livré le 5 juin
1595 (d'autres ont dit après celui d'Aumale qui eut lieu le 5 février
1592), il écrivit à sa sœur : « Je vous ay vue bien près d'être mon hé-
ritière. » Quant aux jeux de mots par trop grivois qu'il se permit sur
le cardinal de Bourbon, son compétiteur à la couronne, dans la même
lettre à sa maîtresse, nous renverrons nos lecteurs, comme le fait
également M. Berger de Xivrey, au Journal de l'Etoile, dernière
édition.

C'est vers cette époque aussi qu'eurent lieu les conférences et
les instructions préparatoires de l'abjuration de Henri IV, laquelle
est du 25 juillet 1593. Le roi se fit sacrer à Chartres le 27 février
1594, n'étant pas encore maître de Reims, et, dans la nuit du lundi
21 au mardi 22 mars d'après, la ville de Paris lui fut livrée par
Charles de Cossé, comte de Brissac, qui en avait le gouvernement
du chef du duc de Mayenne.

Chapitre X.

Catherine de Bourbon à la cour de France.

Ni l'âge ni les épreuves de sa jeunesse n'avaient pu altérer
chez Catherine de Bourbon le caractère enjoué qu'elle tenait avec
son frère, sinon de leur mère Jeanne d'Albret, du moins de leur
aïeule Marguerite de Valois. Sa vertu était aimable et, pour se con-
cilier autant les respects que les sympathies, elle n'avait pas besoin
de s'armer de puritanisme ni de se hérisser de rigidités. Elle don-
nait même des fêtes brillantes. Par sa conduite exempte de tout
reproche, néanmoins, elle était une exception, au sein d'une cour

trop pleine encore des souvenirs impurs des Valois. Mais nous aimons à penser que son exemple dut y produire un commencement de restauration. Rivale de son frère par l'esprit, bien que plus réservée dans ses paroles, à raison surtout de son sexe, quelques-uns des mots heureux qui lui échappèrent nous ont été conservés. Elle avait pour cuisinier un nommé la Varenne, qui trouva plus lucratif de devenir le messager du roi auprès de Gabrielle d'Estrées, et ultérieurement auprès d'autres dames favorisées de l'amour de ce prince; ce qui donna lieu à Catherine de dire : « La Varenne, tu as « plus gagné à *porter les poulets* de mon frère *qu'à piquer les miens.* »

Ce mot est gai; mais elle en eut de mélancoliques ; elle en eut aussi de sanglants.

Lorsque Henri IV lui proposa le duc de Bar pour époux, ainsi que nous ne tarderons pas à le raconter : « Je ne trouve point là mon « *compte* ! » dit-elle, n'ayant pu chasser encore de son cœur le souvenir du *comte* de Soissons.

Plus tard, ce mariage se trouvant consommé, et Henri IV, dans la crainte que le pape ne forçât le mari à la répudier, lui ayant dit que, si elle persistait dans son refus d'abjuration, *elle se trouverait n'avoir été que la concubine du duc de Bar,* — « et vous, Sire, l'entremetteur, répliqua-t-elle poussée à bout. Mais ce dernier mot paraîtrait bien autrement sanglant, si la pruderie actuelle de la langue française ne nous avait pas empêché de reproduire, dans toute leur crudité, les expressions dont se servirent réciproquement, dans cette occasion, Henri et Catherine de Bourbon.

Telle était la spirituelle princesse qui fit l'ornement de la cour de France, de l'an 1593 à l'an 1598 inclusivement.

Le Journal de l'Étoile rappelle les fêtes et les ballets que Madame, sœur unique du roi, donna jusqu'à l'époque de son mariage, sans que ces réjouissances lui fissent négliger le culte dont elle faisait profession. Mais on trouve aussi, dans le même livre, le détail des tracasseries que cette profession lui valut, et dont le contre-coup se fit ressentir à son frère. Assurément, dans le siècle de tolérance où nous avons le bonheur de vivre, on a peine à comprendre ces persécutions incessantes ; mais nous n'en dénoncerons pas moins, et pour cause, le tableau affligeant, au blâme de nos lecteurs.

Catherine de Bourbon avait fait son entrée dans Paris le mercredi 13 avril 1594, *accompagnée de huit coches et carrosses,* et comme dans l'une de ces voitures se trouvaient divers gentilshommes de sa maison : « Ce sont ses ministres ! » avait dit le peuple, en les regardant passer. Faut-il attribuer à un sentiment hostile cette première observation ? Nous verrons bien !...

Nous passons un mot grossier par lequel les trésoriers du roi voulurent expliquer, en juillet même année, les privations qu'ils faisaient éprouver à cette princesse, et dont ils s'engraissaient en l'absence de leur maître, et nous voyons qu'au mois d'octobre d'après, le cardinal de Gondi, suivi de quelques membres de son clergé, porta plainte au roi contre Madame. Le crime était d'avoir autorisé des prêches dans le Louvre, comme aussi d'avoir souffert que l'on y célébrât le mariage de mademoiselle d'Andelot. Henri IV reçut assez mal ces plaintes qu'il qualifia d'*étranges*, en faisant observer à ce prince de l'Eglise que sa sœur avait, comme le roi de France, sa demeure au Louvre. Il promit néanmoins d'en parler à Madame, tout en feignant d'ignorer le mariage que l'on venait de lui dénoncer.

Ces plaintes se renouvelèrent de mois en mois, d'année en année, et, chose déplorable ! Henri IV ne réussit pas toujours à se soustraire lui-même aux reproches des catholiques, en même temps qu'il encourait ceux des religionnaires. C'est que les premiers répétaient, en les envenimant, certaines particularités qui prêtaient au soupçon. Quand le roi avisoit quelqu'un des ministres de Madame, » rapporte le Journal de l'Etoile, « il l'appeloit toujours, et lui disoit à « l'oreille : Priez Dieu pour moi et ne m'oubliez pas en vos « prières ! » Un jour, la princesse étant malade, son frère trouva chez elle Vaumenil, qui, *pour la désennuyer*, chantait le psaume LXXIX (*Les gens entrés...*). Aussitôt le roi se joignit au chanteur. Mais madame de Mousseaux lui mit la main sur la bouche, le priant de ne pas continuer. « Voyez-vous ! s'écrièrent alors quelques religion-« naires, voyez-vous cette vilaine, qui veut engarder le roy de « chanter les louanges de Dieu ! »

Ces récits se répandaient au dehors, et les prêtres s'en servaient pour tenir les catholiques en état d'irritation. Aussi, le 18 mars 1595 (moins de trois mois après l'attentat de Jean Châtel), le roi se disposant à partir pour Fontainebleau, le bruit se répandit qu'il n'allait s'éloigner de Paris que *pour faire ses pâques à la huguenote*. A la nouvelle de cette rumeur, Henri IV se récria et dit : « Un peuple « est une bête qui se laisse mener par le nez, principalement les Pari-« siens. Ce ne sont pas eux, mais bien de plus mauvais qu'eux qui leur « font croire de telles choses. » Néanmoins le roi contremanda son voyage ; et, comme les menées du clergé catholique contre sa sœur n'avaient point de cesse, il crut devoir, le lendemain, qui était le dimanche de Pâques fleuries, mettre M. de Château-Vieux, capitaine de ses gardes, à la porte du logis de Madame, avec la consigne de n'y laisser entrer que les officiers de la maison de cette princesse, ainsi que M. de Bouillon, s'il venait à s'y présenter, et ceux qui se seraient montrés auparavant à la messe du roi.

Ces concessions ne calmèrent pas les esprits, ou, pour être plus exact, ne déconcertèrent pas les malveillants. Le mardi 18 janvier 1597, jour de carême-prenant, ils placardèrent sur la porte du Louvre et dans les quartiers voisins l'écrit suivant :

« Les commandements du Roy.
« Hérétique point ne seras, de fait ni de consentement ;
« Ta bonne sœur convertiras par ton exemple doucement ;
« Tous les ministres chasseras, et huguenots pareillement. »

Dans le mois d'août, même année 1597, le parti catholique provoqua une émeute de femmes contre Catherine de Bourbon. Ces dames parcoururent la ville ayant à leur tête l'épouse d'un médecin du nom de Martin, se plaignant des prêches qui se faisaient chez la princesse, ajoutant que l'on y avait distribué de la viande aux pauvres un jour de vendredi, et attribuant à ces prétendues impiétés tous les maux qui pesaient sur la France. Elles se présentèrent ensuite, au nombre de 50 à 60, chez M. le procureur général, ainsi qu'au parquet des gens du roi, qui les renvoyèrent à M. de Paris, leur prélat. M. le premier président du parlement de Paris, à qui elles s'adressèrent en dernier lieu, mit peu de courtoisie dans la réception qu'il leur fit : « Envoyez-moi vos maris, leur dit-il verte-
« ment, afin que je puisse leur commander de vous tenir renfermées
« et de vous empêcher de courir les rues. »

Sur ces entrefaites, c'est-à-dire le 9 novembre 1595, le ministre Cayet, jusque-là prédicateur de Madame, et dont nous avons vu la conduite ferme et courageuse, en Béarn, lors de la tentative du comte de Soissons, avait abjuré la religion prétendue réformée et s'était fait ordonner prêtre catholique romain. Que Madame l'eût renvoyé de son service, rien de plus naturel ; mais le parti protestant commit la faute de se répandre en injures grossières contre Cayet. On l'accusa notamment de s'être adonné à la magie et d'avoir préconisé les lieux de prostitution. On trouve même dans Bayle (art. *Cayet*), une épigramme contre cet ancien serviteur de Catherine d'une telle licence que nous devons nous abstenir de la reproduire. L'accusation de magie a bien perdu de nos jours de sa gravité ; et, pour ce qui est de l'éloge des lieux de prostitution, il faudrait en apprécier les termes, comme, pour en apprécier l'esprit, il conviendrait de se reporter à ce seizième siècle qui n'avait pas sur toutes choses les mêmes idées que nous. Par exemple, on sait que dans la flotte célèbre (*l'armada*) que Philippe II mit en mer contre l'Angleterre, un navire était spécialement affecté au honteux service que l'on accusa Cayet d'avoir recommandé. Quoi qu'il en soit, celui-ci répondit à ces attaques avec non moins de violence, et le scandale fut porté à son comble.

C'est enfin vers cette époque (et le 23 janvier 1596) que le roi faillit de périr, dans la chambre à coucher de sa sœur. Celle-ci se trouvant malade et alitée, ce prince vint la visiter ; et, comme il s'était avancé dans la ruelle, tête à tête avec Madame, après avoir fait sortir tout le monde, voilà que le plancher s'écroule sous ses pieds, ne laissant en place que le lit même, sur lequel Henri IV se jeta, tenant dans ses bras le petit César, qu'il avait eu de Gabrielle, au mois de juin 1594, légitimé l'année suivante et créé duc de Vendôme. Cet accident fit dire à ceux de la Réforme, que *Madame était, comme leur religion, restée debout au milieu des ruines, et que le roi, l'ayant quittée, serait contraint d'y revenir, pour se sauver.*

Le roi ne revint pas aux religionnaires. Mais, au mois d'août 1598, il leur accorda le célèbre édit de Nantes.

Chapitre XI.

Mariage de Catherine de Bourbon.

Cependant la négociation ayant pour but le mariage de Madame, sœur unique du roi, avec le duc de Bar, fils du duc de Lorraine, se trouvait entamée entre ce dernier prince et Henri IV. Nous l'avons déjà dit, Catherine n'arracha qu'avec peine de son cœur l'affection que lui avait inspirée le comte de Soissons, et même elle malmena dans une occasion Rosni, que le roi avait chargé de faire à sa sœur des représentations au sujet de cet amour. On croit néanmoins que les variations politiques et religieuses ainsi que l'ambition démasquée de Charles de Bourbon avaient déjà porté une grave atteinte à ce sentiment de la princesse pour son cousin lorsque le duc de Bar se présenta. Aussi Madame finit par accepter ce dernier prince, à condition qu'il respecterait sa croyance. Elle affecta même de faire opérer le prêche, *à huis ouverts*, au Louvre, le 9 mai 1597, c'est-à-dire le lendemain de la première visite qu'elle reçut du duc de Bar, afin de protester ainsi contre le bruit déjà répandu, qu'en contractant ce mariage, elle allait changer de religion. Pourtant elle ne refusa pas, avec une obstination blâmable, d'écouter les docteurs en Sorbonne qui se faisaient forts de la convertir. Il y eut en sa présence, au mois de janvier 1599, des conférences dans ce but, entre plusieurs de ces docteurs et plusieurs ministres de la religion prétendue réformée. On reprocha aux premiers de *s'être servis d'expressions et de subtilités scolastiques dans lesquelles Madame n'avait rien compris*. Ce qui est certain, c'est qu'à l'issue de ces conférences elle persista dans son refus d'abjurer et qu'après deux ans de pourparlers ce mariage fut conclu, tout en laissant à cette princesse sa liberté de conscience.

Le roi dota sa sœur du duché d'Albret, qu'elle tenait déjà (1), du comté d'Armagnac, du comté de Rhodez et de la vicomté de Limoges, la jouissance du duché de Bar lui étant de plus assurée à titre de douaire.

Catherine de Bourbon voulant être mariée par un ministre de sa croyance, et le duc de Bar, zélé catholique, par un prélat romain, Henri IV eut à prendre un parti qui satisfît aux désirs du duc, sans obliger sa sœur à se présenter aux autels catholiques. Après avoir échoué auprès de quelques évêques, il s'adressa à Charles, son frère naturel, comme issu d'Antoine de Bourbon et de Mlle Laguiche, l'une des *filles d'honneur* de Catherine de Médicis. Le roi lui avait donné l'archevêché de Rouen. Ce prélat essaya bien aussi de décliner son ministère, et c'est Antoine de Roquelaure, plus tard maréchal de France, que Henri IV chargea de décider Charles à bénir ce mariage. Le récit de cette négociation tel que Rosni le reçut de son maître n'est pas le document le moins curieux de cette étrange époque :

« Le roy envoya aussitôt quérir M. de Roquelaure auquel en arrivant il dit : Vous ne savez pas, Roquelaure, votre archevê-
« que (car ce fut vous qui me parlâtes, le premier, de luy bailler
« Rouen) veut faire le prélat et le docteur, me venant alléguer
« les saints canons, où je crois qu'il entend aussi peu que vous et
« moi ; et cependant par ses refus, ma sœur demeure à marier.
« Je vous prie, parlez à luy, comme vous avez accoutumé et le
« faites souvenir du temps passé. »

---

(1) La maison de Brisac, de Nérac, représentée aujourd'hui par Mme la comtesse de Pompignan et par Mme de Gramont, possède une lettre de cette princesse, demandant l'*état des deniers de son domaine*, à Colin de Brisac, conseiller du roi et auditeur en la chambre des comptes de Navarre, établie à Nérac. Cette lettre, datée de *Nancy ce 20e jour d'aoust* 1602, se termine par ces mots de sa main : « Votre bonne amye, CATHERINE. » (Biogr. de l'arr. de Nérac.)

« — Ha! pardieu, Sire, cela ne va pas bien, dit M. de Roque-
« laure, car il est temps, au moins selon mon opinion, que notre
« sœur Catelon commence à tâter des douceurs de cette vie, et
« ne crois pas que dorenavant elle en puisse mourir par trop
« grande jeunesse. Mais, Sire, dites-moi un peu, je vous prie, que
« dit ce bel évêque pour ses raisons, car il en est quelquefois
« aussi mal garni que je saurais être; et m'en vay le trouver, si
« l'avez agréable, pour lui apprendre son devoir.

« Et s'en estant allé de ce pas en son logis, il lui dit en entrant
dans sa chambre :

« — Hé quoy! que veut dire cecy, mon archevêque? L'on m'a
« dit que vous faites le fat; mais pardieu! je ne vous le souffri-
« ray pas, car il y iroit trop de mon honneur, puisque chacun
« dit que je vous gouverne. Ne savez-vous pas bien qu'à votre
« prière je me rendis votre caution vers le roy, lorsque je luy
« parlay pour vous faire avoir l'archevêché de Rouen? Or, ne me
« faites pas trouver menteur en vous opiniastrant ainsi à faire la
« beste; cela seroit bon entre vous et moy, qui nous sommes
« veus quelquefois ensemble aux brèches raisonnables et les dez à
« la main; mais il s'en faut bien garder lorsqu'il y va du service
« du maistre et de ses absolus commandements.

« — Hé, vray Dieu! que voulez-vous que je fasse, dit Mgr de
« Rouen, quoy! que je me fasse moquer de moy et reprocher
« par tous les autres prélats une action où chacun dit qu'il y va
« grandement de la conscience, n'y ayant eu evesque auquel le
« roy n'en ayt parlé, et qui ne l'en aye aussitost refusé.

« — Ho! mordieu, ne le prenez pas là, dit M. de Roquelaure,
« car vous et eux sont choses bien diverses; car ces gens s'alam-
« biquent tellement le cerveau après le grec et le latin qu'ils en
« deviennent fous; et, puis, vous estes frère du Roy, obligé de
« faire tout ce qu'il commandera, sans opposition, ne vous ayant
« pas choisi ny fait archevêque pour le sermonner, ny luy appren-
« dre ou alléguer les canons, mais pour lui obéir en toutes choses
« où il yra de son service; que si vous faites plus le fat et l'aca-
« riastre, je le manderay à Jeanneton de Condom, à Bernard l'Es-
« veillé et à maistre Jullien, m'entendez-vous bien? Et, partant,
« ne vous le faites pas dire deux fois, puisque rien ne vous doit
« estre si cher que les bonnes grâces du Roy, lesquelles et mes
« sollicitations vous ont mieux valu que le latin ny le grec des au-
« tres. Pardieu! c'est bien à vous affaire à parler des saints ca-
« nons, où vous n'entendez que le haut allemand.

« — Vous ne serez jamais las de gausser en parlant à moy, dit
« Mgr de Rouen ; cela estoit bon en mes jeunes ans, et en des
« choses de néant. Mais en choses si sérieuses comme celle-cy, où
« il y va de mon salut, il faut parler de sens rassis et sans se mo-
« quer, car quoy que j'estime l'honneur des bonnes grâces du Roy
« autant que ma vie, si m'est le paradis encore plus cher que l'un
« ny l'autre.

« — Comment, mordieu ! paradis ! dit M. de Roquelaure, en êtes
« vous si aze que de parler d'un lieu où vous ne fûtes jamais, ne
« savez quel il y fait, ny si vous y serez receu, quand vous y vou-
« drez aller ?

« — Oui, si j'y seray receu, dit Mgr de Rouen ; n'en doutez nul-
« lement.

« — C'est bien discouru à vous, dit M. de Roquelaure, car par-
« dieu ! je tiens que paradis a esté aussi peu fait pour vous, que le
« Louvre pour moy. Mais laissons un peu là votre paradis, vos
« canons et votre conscience à une autre fois, et vous résolvez à
« marier Madame, car si vous y manquez je vous osteray trois ou
« quatre meschants mots de latin que vous avez à toute heure à la
« bouche, et plus n'en sait led. déposant, et puis adieu la crosse
« et la mitre, mais qui pis est cette belle maison de Gaillon et dix
« mille écus de rente.

« Ils eurent encor d'autres discours trop longs à réciter, lesquels se
terminèrent en telle sorte que Mgr de Rouen se résolut de marier
Madame. »

Les catholiques ont essayé de mettre en doute cette anecdote.
D'après eux ce serait *un conte imaginé par les protestants*; « en le
supposant vrai, ont-ils néanmoins ajouté, on ne peut rien en con-
clure, si ce n'est que la faveur avait élevé au siége de Rouen un
ecclésiastique méprisable. »

« Un dimanche matin, pénultième jour de janvier de l'année 1599, comme le raconte Cheverny en ses Mémoires, le Roy
ayant dès le soir précédent averti et fait consentir madame sa
sœur à sa volonté, comme aussi ledit sieur de Bar, Sa Majesté alla
elle-même quérir madame sa sœur, qui estoit dans sa chambre au
Louvre encore peu ou point habillée, et l'ammena en son cabinet,
où déjà il avoit mandé et fait trouver ledit sieur de Bar, avec M. de
Lorraine, son père et principaux de leur suite, y ayant aussi fait
venir quelqu'un des principaux princes et autres plus particuliers
de sa cour, et là où il avoit aussi mandé Mgr l'archevêque de
Rouen, qui estoit son frère naturel et dépendant entièrement de sa

volonté, il luy dit tout haut en présence de tous : « Mon frère, je
« désire que vous fassiez tout présentement le mariage de ma sœur
« et de M. de Bar, par les paroles de présent. » A quoy ledit sieur
archevêque fit du commencement quelque difficulté, disant *qu'il y
fallait garder les formes et solennités accoutumées* (1). A quoy le
Roy répliqua *que sa présence estoit plus que les solennités ordinaires, et que son cabinet estoit un lieu sacré et lieu assez public
pour cela, et partant qu'il le prioit et commandoit absolument de
passer outre et faire ledit mariage, nonobstant toutes les difficultés
qu'il y pourroit apporter, desquelles et de l'evenement d'icelles il
demeureroit chargé et garant*. A quoy ledit sieur archevêque, ne
pouvant plus contester, se résolut à faire ce dit mariage, et en
mesme temps s'estant revestû de ses ornements pontificaux *que
l'on avoit fait apporter et tenir touts prêts*, procéda à ladite bénédiction nuptiale de Madame et du dit sieur de Bar, et y apporta
toutes les mesmes formes et cérémonies qu'il eût pu faire en une
église, excepté qu'il ne célébra point la messe. Ce qu'estant fait et
parachevé, chacun se retira et alla faire ses dévotions, chacun selon sa religion, ledit sieur duc d'un costé et madite dame de l'autre,
qui retourna en sa chambre, se para magnifiquement comme mariée, et ledit sieur duc aussi, et le roi et toute la cour ; et chacun
remit de se trouver au grand festin royal qui se fit le mesme jour
dans la grande salle du Louvre, où tous les officiers servirent avec
les pompes et magnificences accoustumées en tels festins ; puis, le
grand bal se fit, et, le soir, le roi reconduisit madite dame en sa
chambre, luy laissant toutes les princesses pour la coucher. »

Le mois de février s'étant passé *en rejouissances, ballets et
gentillesses de la cour* (ibid.), pour fêter ce mariage, la duchesse de
Bar et d'Albret prit congé du roi, son frère, et suivit son mari à la
cour du duc de Lorraine, son beau-père. Elle retrouva à Nancy
d'autres fêtes trop promptement suivies d'amers chagrins et de sa
mort. D'Aubigné nous apprend qu'avant son départ de France *elle
aida à composer de grandes plaintes des reformez sur le retranchement de l'édit de Nantes et encor sur les inexécutions de ce qui
estoit promis.*

---

(1) Ceci n'est pas en contradiction avec le consentement déjà promis à Roquelaure; l'on ne saurait penser que le roi ne s'était pas assuré d'avance de ce consentement. Il est évident, d'ailleurs, que les paroles de ce prélat n'avaient pour motif que l'espèce de clandestinité de ce mariage, ou plutôt le choix du lieu pour le célébrer.

Chapitre XII.

Mort de Catherine de Bourbon.

Si, pour accepter la main du prince de Lorraine, Catherine de Bourbon avait éprouvé quelque regret à le substituer dans ses affections au comte de Soissons, le duc de Bar, de son côté, ne s'était pas décidé sans éprouver quelque répugnance pour ce mariage avec une protestante. Comme l'on ne s'était pas préoccupé jusque-là du soin de demander en cour de Rome des dispenses, tant en raison de cette diversité de religion que de la parenté qui existait entre les deux époux, ce mariage une fois fait et consommé, le pape n'en refusa pas moins sa sanction, dans les premiers temps, aux sollicitations du roi de France, qui avait chargé le cardinal d'Ossat de la demander. On a les lettres de cet ambassadeur, et nous n'y avons pas lu ce qui suit sans surprise :

« Une des plus grandes difficultés qu'il me fit (il s'agit ici de Clé-
« ment VIII) fut que lorsque ce mariage se traitoit, Madame, sœur
« du roi, lui fit dire que si Sa Sainteté faisoit envers le roi qu'elle
« fût mariée à M. le comte de Soissons, elle se feroit catholique; dont
« Sa Sainteté dit avoir juste occasion de juger que ce n'est point
« la conscience qui la retient en sa secte, mais que c'est une cer-
« taine obstination et présomption qu'elle a, que le saint siége et
« toutes autres choses se doivent accomoder à ses appétits. Et pour
« ce que cette objection étoit trop pressante, je ne fis que gauchir
« et m'en servir à lui montrer que cette princesse en seroit donc
« d'autant plus facile à convertir, dont j'avois compté l'espérance
« pour une des dix causes de la dispense que nous demandions. »

Il faut convenir que cette démarche de Catherine de Bourbon auprès du saint-père, si elle eut réellement lieu et si ce ne fut point là une intrigue pratiquée à son insu par le comte de Soisson lui-même, ne se trouve guère en rapport avec la réponse que le manuscrit de l'Étoile (rec. n° 1, p. 19) prête à la même princesse, lorsque son frère, pour la décider à faire abjuration, la menaça (c'était en 1601) d'une répudiation de la part du prince de Lorraine, Catherine ayant dit alors, avec plus de réserve qu'elle n'en mit dans le mot déjà cité, p. 57, que, *quand bien même Sa Majesté et son mari la délaisseraient, Dieu ne l'abandonnerait pas, et qu'elle aimait mieux vivre la plus pauvre demoiselle de la terre en servant*

Dieu, qu'on le déshonorant, être la première reine du monde. Et pourtant l'on assure qu'à cette dernière époque elle avait conçu pour son mari une affection sincère. « Toutes les fois, affirme de Thou, qu'elle voyait une nouvelle mariée, elle lui souhaitait d'aimer son mari, comme elle aimait elle-même le sien. » Or, nous allons montrer que son refus d'embrasser la religion catholique n'était pas en effet sans quelque danger pour son bonheur domestique et même pour la sûreté de son mariage.

Nous l'avons déjà fait observer, le duc de Bar était fort zélé dans sa religion. Aussi, comme la cour de Rome refusait sa sanction au mariage qu'il venait de contracter avec une princesse hérétique, il paraît qu'à la sollicitation de son confesseur, il s'abstint, au bout de six mois, de ses devoirs conjugaux, et qu'à l'occasion du jubilé de 1600 il s'en alla de sa personne demander au saint-père son absolution pour le passé, ainsi que des dispenses pour l'avenir.

A la vérité, des esprits sérieux se sont permis de douter de la sincérité de ces scrupules ; ils ont considéré que Catherine de Bourbon était âgée alors de 42 ans (son mari n'en ayant que 37), et que le dégoût pouvait avoir autant et même plus de part que la conscience dans la conduite du duc de Bar. « Je serais curieux, « s'écrie à ce sujet le docte Bayle, d'apprendre si son mari aurait « été exposé aux mêmes scrupules par rapport à la jouissance « d'une belle concubine, et si son confesseur aurait pu le gouverner « dans l'adultère aussi magistralement qu'il le gouvernait dans le « mariage avec une femme hérétique. » Amelot de la Houssaye, dans ses notes sur la 247ᵉ lettre du cardinal d'Ossat, s'exprime sur le même fait avec moins de passion, et par suite avec plus d'autorité. Voici ce qu'il en dit :

« Le duc de Bar couvrait du voile de la religion et de la cons-
« cience le dégoût qu'il avait de sa femme qu'il n'aimait point et
« dont il n'était point aimé (1) ; et, comme il n'osait la renvoyer de
« peur de s'attirer l'indignation du Roi, son beau-frère, il voulait
« engager adroitement le pape à lui commander de la répudier,
« pour en rejeter toute la haine sur lui et pour avoir la liberté d'é-
« pouser une autre princesse. Mais le pape était plus sage et plus
« habile que le duc de Bar et que le cordelier, son confesseur, qui,

---

(1) Il ne faut pas oublier pourtant que de Thou (et il n'est pas le seul) assure que la duchesse de Bar était, au contraire, pleine d'affection pour son mari.

« selon le mot ordinaire de Sa Sainteté, *voulaient prendre le ser-*
« *pent par la main d'autrui.* »

Aussi, Clément VIII accorda-t-il au prince de Lorraine, qui ne dut pas lui en dire un grand ou sincère merci, l'absolution et les dispenses sollicitées avec l'espoir secret peut-être de ne point les obtenir..... Lors de la maladie, qui, quelque temps après, mit Catherine de Bourbon au tombeau, il n'est pas inutile néanmoins de noter ici *qu'elle se croyait enceinte.*

De tout ce qui précède il résulte, hélas ! que cette douce victime de la politique de son frère ne fut pas heureuse dans son mariage. La décision du pape ne mit pas un terme aux importunités pour ne pas dire aux persécutions que ne cessa jamais de lui valoir sa constance *à vivre*, comme elle le répétait souvent, *dans la religion de sa mère*, ne trouvant pas même auprès de son frère qu'elle visitait tous les ans les consolations qu'elle avait le droit d'en attendre, pour peu qu'il eût voulu se rappeler le testament de Jeanne d'Albret. Sans s'être dépouillé de toute son ancienne affection envers sa sœur, ce prince nous paraît avoir beaucoup plus écouté des considérations politiques, dans les observations par trop impérieuses qu'il lui adressait, en lui offrant comme exemple à suivre sa propre abjuration ; à quoi elle répliquait que *cet exemple lui estoit loi en tout ce qui ne touchoit point l'honneur de Dieu : qu'elle savoit les bornes de l'obéissance, et qu'enfin la loi salique n'avoit pas fait les partages de la constance en leur maison*, touchant en passant l'exemple d'Antoine de Bourbon et de Jeanne d'Albret (d'Aubigné).

Il est juste pourtant de reconnaître qu'à aucune époque la duchesse de Bar et d'Albret ne fut privée, à la cour de Lorraine, du service des ministres de sa religion. Nous pouvons citer M. Mozet, M. Divoy, M. de Mesnillet, ministre à Rouen et père du célèbre Samuel Bochart ; M. Couet, ministre de l'église à Basle (1), M. Des-

---

(1) On a conservé la déclaration que Madame fournit à ce ministre, à l'issue d'une conférence tenue à Nancy :

« Nous, Catherine, sœur unique du roy; princesse de Navarre, duchesse de
« Bar, etc., certifions à tous qu'il appartiendra et notamment aux fidèles que
« nous avons un extrême contentement de ce que le sieur Couet, ministre de
« la parole de Dieu, ayant reçu nos dernières lettres, nous est venu trouver en
« cette ville de Nancy, en même temps que nous étions sollicitée en plusieurs
« sortes de changer notre vraie religion, pour adhérer à celle qu'on appelle
« catholique-romaine, et qu'étions à cette occasion grandement affligée en notre
« esprit, encore bien que nous fussions résolue de persister constamment en
« notre foi et espérance fondée sur la seule et vraie parole de Dieu. Si voulons-
« nous partant reconnaître et témoigner à tous par cette présente, que tant par

moulins..... Ce dernier eut l'honneur de l'accompagner, en 1603, aux bains de Plombières. C'est M. Divoy qui la *consola* dans ces derniers moments, pour nous servir de l'expression usitée dans le calvinisme. Durant tout ce temps, soit en Lorraine soit à Paris, où elle reparut en décembre 1601, en février 1602, et en août 1603, il y eut des conférences à son intention et en sa présence entre les docteurs des deux religions opposées, sans que la conviction de Catherine de Bourbon s'en trouvât ébranlée, jusqu'à sa mort.

C'est le 13 février 1604, et à l'âge de 45 ans, que mourut la duchesse de Bar et d'Albret, d'une maladie que l'on avait prise pour une grossesse, et au sujet de laquelle cette princesse refusa tous les remèdes de peur de nuire à l'enfant qu'elle croyait porter dans son sein. Les médecins se méprenant aussi aux symptômes qui l'avaient trompée, laissèrent empirer le mal, et lorsque parut An-

« les prédications du sieur Couet que par ses discours familiers que par les
« bonnes et nettes réponses tirées premièrement de la parole de Dieu, et puis
« après accompagnées de plusieurs sentences des anciens Pères de l'Église pri-
« mitive, lesquelles il fit au sieur Comelet, jésuite, en présence de Son Altesse
« de Lorraine, notre très-honoré beau-père, de monseigneur notre très-honoré
« époux, de monseigneur le cardinal de Lorraine, notre très-honoré et très-aimé
« beau-frère, et de bon nombre d'autres personnes de toute qualité, de l'une et
« de l'autre religion, nous nous sommes sentie grandement consolée et fortifiée
« en la droite créance de notre salut, laquelle nous avons eue dès notre jeunesse,
« et espérons que Dieu nous fera la grace d'y persévérer constamment jusques
« au dernier soupir de notre vie. Nous certifions aussi qu'il n'a point tenu au
« dit sieur Couet que la dispute commencée avec le sieur Comelet n'ayt été
« continuée, iceluy ayant protesté qu'il étoit prêt de maintenir devant tous que
« notre créance étoit vraiment chrétienne et très-bien fondée en saintes écritures,
« et à cette cause n'a point voulu partir de ce lieu que premièrement Son Altesse
« ne nous eut dit qu'il s'en pouvoit retourner, quand il voudroit, d'autant que
« la conférence qui avoit été commencée ne passeroit pas plus avant.

« Or, parce qu'il s'agit en ce fait de l'honneur de Dieu et de l'édification de
« son Église et de tous les fidèles en particulier, nous désirons que les églises
« réformées de France et d'ailleurs soyent averties de tout ce que dessus, et que
« Dieu nous ayant fait la grace de résister constamment jusques à mainte-
« nant à tous les assauts qui se sont présentés, elles le prient continuellement
« à ce que nous puissions continuer de même jusques à la fin de notre vie.
« Nous les en prions très-affectueusement par ces mêmes présentes et tous ceux
« auxquels ces choses seront notifiées. En foi de quoy nous avons voulu signer
« ce présent certificat de notre main et iceluy fait signer par l'un de nos conseil-
« lers secrétaires.

Audit Nancy, ce 1er de décembre 1599.
« CATHERINE.
« Et plus bas, MARCKLLY. »
(Chronique protestante de J. de Morey.)

dré de Laurens, médecin habile, que lui envoya Henri IV, bien que ce savant praticien protestât contre l'erreur qui la perdait, Catherine de Bourbon persista dans son illusion maternelle. La fièvre survint et Madame expira dans les plus vives douleurs, en affirmant *qu'elle mourrait sans regret si elle était assurée que le gage précieux de son mariage pût lui survivre.* (De Thou.)

Henri IV éprouva la plus vive affliction de cette perte. Lui qui n'avait guère, disait-on, répandu de larmes dans le cours d'une vie éprouvée par tant de malheurs, il pleura sincèrement sa sœur. Tous les ambassadeurs s'empressèrent de lui adresser des consolations. Il n'y eut que le nonce du pape qui apportât quelques restrictions dans les siennes, disant, *que si le roi pleurait avec sa cour la mort d'une sœur, pour lui, il pleurait pour l'âme de la princesse dont le salut était incertain.* Henri IV se montra fort choqué de ces paroles inconvenantes, et il répondit brusquement à celui qui venait de se les permettre, *qu'il n'avait fallu à sa sœur que la grâce de Dieu, en ce dernier moment, pour la mettre en paradis.* La cour ayant pris le deuil, le même nonce s'en dispensa, ce qui décida le roi *à le faire prier de ne point se présenter devant lui, que le temps de ce deuil ne fût expiré.*

Nous ne reproduirons pas ici tout ce qui fut dit sur cette mort, que les uns attribuèrent à des empiriques, d'autres à des causes pires, époque fatale des accusations les plus hasardées et les plus injustes, les partis s'adressant réciproquement et sans pudeur d'atroces calomnies ! Ce n'est pas dans les impurs réceptacles qui nous les ont conservées que l'on doit rechercher la vérité. Tous les témoignages de quelque valeur constatent au surplus que la cour de Lorraine (le duc et son fils en tête) accompagna d'unanimes regrets la dépouille mortelle de Catherine de Bourbon, lorsqu'elle fut transportée en grande pompe de Nancy à la frontière, où les officiers du roi en ayant reçu la remise, elle fut inhumée à Vendôme, auprès de Jeanne d'Albret, sa mère. « Le ciel l'a voulue avoir, dit Olha-
« garay, en rappelant cette mort, comme estant le monde indigne
« d'une si remarquable faveur ! »

SAMAZEUILH,
Correspondant du ministère de l'instruction
publique, à Nérac.

Paris, Imprimerie de Paul Dupont, rue de Grenelle-St-Honoré, 45. (10.)

www.ingramcontent.com/pod-product-compliance
Lightning Source LLC
LaVergne TN
LVHW022114080426
835511LV00007B/813